목차

포켓 터틀 로봇은 이렇게 생겼어요	2	
카드 코딩 진입 방법/라인 코딩 진입 방법	3	

카드 코딩 활동 1 포켓 터틀 로봇과 놀이터에 가요 … 4
라인 코딩 활동 1 포켓 터틀 로봇과 친구네 집에 가요 … 6

카드 코딩 활동 2 할머니, 할아버지 댁에 놀러가요 … 8
라인 코딩 활동 2 동생 생일파티를 준비해요 … 10

카드 코딩 활동 3 나는야, 우리 동네 집배원 … 12
라인 코딩 활동 3 살고 싶은 우리 동네를 꾸며요 … 14

카드 코딩 활동 4 거북이가 알을 낳으러 가요 … 16
라인 코딩 활동 4 동물들의 식사 시간 … 18

카드 코딩 활동 5 내 몸의 건강을 확인해 보아요 … 20
라인 코딩 활동 5 미세먼지가 심할 땐 어떻게 해야 할까요? … 22

카드 코딩 활동 6 생활도구로 우리집 꾸미기 … 24
라인 코딩 활동 6 지금 필요한 생활도구는 무엇일까? … 26

카드 코딩 활동 7 육상, 해상, 항공 교통기관을 알아보아요 … 28
라인 코딩 활동 7 자동차를 움직이려면? … 30

카드 코딩 활동 8 전통놀이 한마당 … 32
라인 코딩 활동 8 미술관에서 풍속화를 감상해요 … 34

카드 코딩 활동 9 뒤죽박죽!! 나라 이름 찾기 … 36
라인 코딩 활동 9 어떤 세계문화유산이 있을까? … 38

카드 코딩 활동 10 거북이 친구를 구해주세요 … 40
라인 코딩 활동 10 분리수거를 해요 … 42

카드 코딩 활동 11 겨울을 따뜻하게 보내요 … 44
라인 코딩 활동 11 김장할 때 필요해요 … 46

카드 코딩 활동 12 가로세로 낱말 퀴즈를 풀어보아요 … 48
라인 코딩 활동 12 학교가는 길 … 50

음악 코딩 진입 방법 … 52
음악 코딩 활동 1 '생일 축하합니다'를 연주해보아요 … 53
음악 코딩 활동 2 '아리랑'을 연주해보아요 … 54
음악 코딩 활동 3 '새들의 결혼식'을 연주해보아요 … 55

정답 … 57
부록 스티커 … 65

 # 포켓 터틀 로봇은 이렇게 생겼어요

1 등 버튼 : 등 버튼을 눌러 각 모드(카드, 라인, 음악)에 진입하거나 포켓 터틀 로봇을 움직이게 할 수 있습니다.

2 LED : 포켓 터틀 로봇의 머리에는 LED가 있어 색깔을 인식할 때마다 색이 바뀝니다.

3 컬러 센서 : 여러 가지 색을 인식할 수 있습니다.

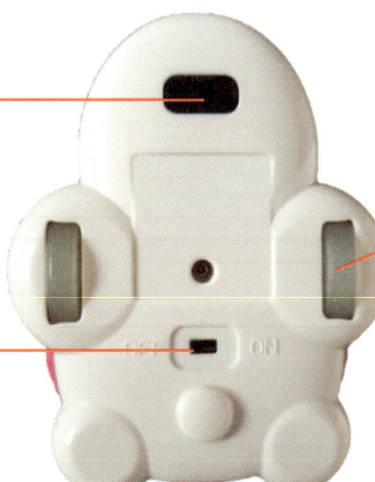

5 바퀴 : 포켓 터틀 로봇이 앞, 뒤, 왼쪽, 오른쪽으로 움직일 수 있게 도와줍니다.

4 전원 스위치 : 포켓 터틀 로봇의 전원을 켰다가 끌 수 있습니다.

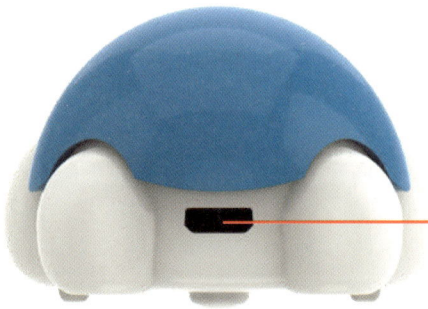

6 충전 단자 : Micro USB 케이블을 이용하여 충전할 수 있습니다.

 # 카드 코딩 진입 방법

1 전원 켜기

전원 스위치를 'ON'으로 옮겨 포켓 터틀 로봇의 전원을 켜주세요.

2 카드 코딩 진입하기

포켓 터틀 로봇의 등 버튼을 소리가 날 때까지(3초 이상) 눌러주세요.

3 카드 입력하기

포켓 터틀 로봇의 얼굴 아래로 카드를 입력해 주세요.

+ 터틀의 머리 색깔이 카드 색깔로 변하면 잘 입력된 것입니다.

4 포켓 터틀 로봇 실행하기

카드를 입력한 후 포켓 터틀 로봇의 등 버튼을 짧게 1번 눌러 실행해 주세요.

+ 기억을 지우고 싶을 때는 등 버튼을 소리가 날 때까지 눌러주세요.

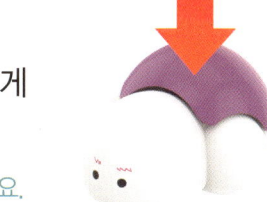

 # 라인 코딩 진입 방법

1 전원 켜기

전원 스위치를 'ON'으로 옮겨 포켓 터틀 로봇의 전원을 켜주세요.

2 라인 코딩 진입하기

포켓 터틀 로봇의 등 버튼을 짧게 1번 눌러주세요.

3 라인 입력하고 포켓 터틀 로봇 실행하기

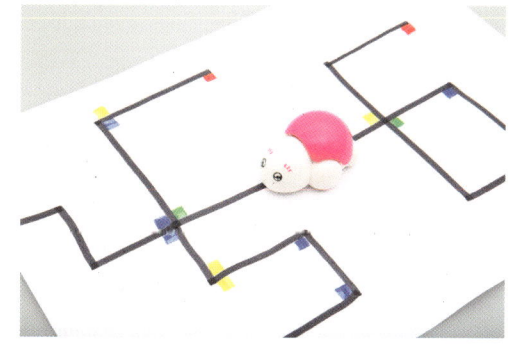

검은색 선과 여러 가지 색을 이용하여 라인 지도를 만들어 주세요.
검은색 선 위에 포켓 터틀 로봇을 올려놓은 후 등 버튼을 짧게 1번 눌러 실행해 주세요.

주의 : 포켓 터틀 로봇의 라인 코딩과 음악 코딩 활동을 위해서는 로보메이션 공식몰(https://robomation-shop.co.kr/)에서 판매하는 '8색 마커-라인 코딩, 음악 코딩용(포켓 터틀)' 색깔 사인펜이 필요합니다. 다른 사인펜 이용 시 포켓 터틀 로봇 인식에 문제가 발생할 수 있습니다.

 카드 코딩 활동 1

포켓 터틀 로봇과 놀이터에 가요

- **학습주제** : 학교(유치원)와 친구
- **활동목표** : 포켓 터틀 로봇을 직선으로 움직일 수 있다.
- **준비물** : 색깔 카드, 부록의 스티커(포켓 터틀 로봇)

가장 처음 색깔 카드를 이용해서 포켓 터틀 로봇을 움직여봅니다. 사람의 눈과 같이 색깔을 읽는 LED 창을 보여주고 카드 인식을 잘 할 수 있도록 도와주세요.

Q1 포켓 터틀 로봇이 움직인다면 어떤 느낌이 들 것 같니?

Q2 별이 더 멀어진다면 앞으로 카드를 몇 번 입력해야 할까?

포켓 터틀 로봇을 앞으로 이동시키는 방법은?

- 포켓 터틀 로봇을 아래의 그림과 같이 칸 가운데 위치시키면 카드 입력 1회당 한 칸을 이동합니다.
- 포켓 터틀 로봇은 앞과 뒤의 색깔 카드 입력 1회당 1칸(약 6.5cm) 이동합니다.

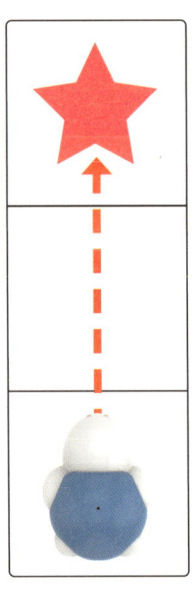

포켓 터틀 로봇이 있는 곳에서 별이 있는 곳까지 가려면 2칸 앞으로 가야 해요.

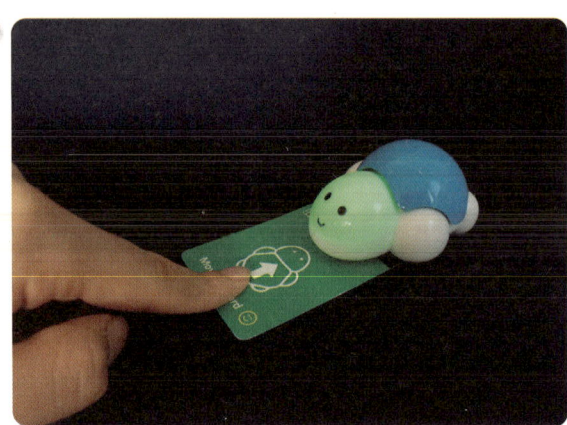

카드 코딩 방법을 이용하여 앞으로 이동하기 카드를 2번 입력해 주세요.

등 버튼을 1번 눌러주세요. 포켓 터틀 로봇이 앞으로 2칸 이동하여 별에 도착합니다.

활동 방법 1 **포켓 터틀 로봇이 놀이터에 가려고 해요**
포켓 터틀 로봇이 미끄럼틀에 도착했나요? 스티커로 미끄럼틀을 타는 포켓 터틀 로봇을 붙여보세요.

라인 코딩 활동 1

포켓 터틀 로봇과 친구네 집에 가요

- **학습주제** : 학교(유치원)와 친구
- **활동목표** : 포켓 터틀 로봇을 직선 위에서 움직일 수 있다.
- **준비물** : 색깔 사인펜, 부록의 스티커(꽃)

라인 코딩은 카드 코딩 진입 방법과 다르기 때문에 진입 방법 안내가 1번 더 필요합니다. 동요 '앞으로' 노래를 부르며 앞으로 전진!

포켓 터틀 로봇을 직선 위에서 이동시키고, 정지시키는 방법을 알아보아요.

- 포켓 터틀 로봇은 검은색 선으로 그린 길을 따라 앞으로 이동할 수 있어요.
- 포켓 터틀 로봇은 검은색 선의 오른쪽 테두리를 따라 움직이기 때문에 검은색 선의 약간 오른쪽에 놓아주세요.

 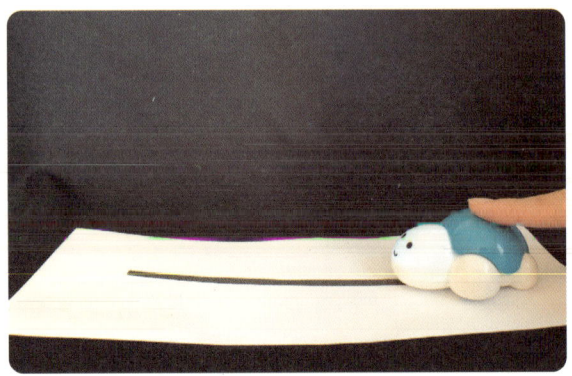

라인 코딩 모드에서 포켓 터틀 로봇을 검은색 직선 위에 올려놓아요. 등 버튼을 1번 누르면 삑! 소리가 나면서 포켓 터틀 로봇이 선을 따라 움직여요.

 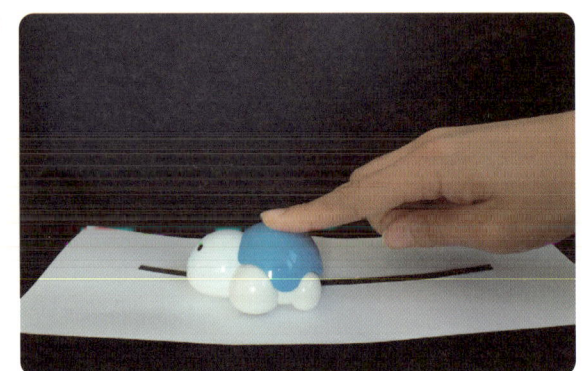

움직이는 포켓 터틀 로봇의 등 버튼을 1번 누르면 삑~소리가 나면서 정지해요. 포켓 터틀 로봇을 다시 움직이려면 등 버튼을 1번 누르세요.

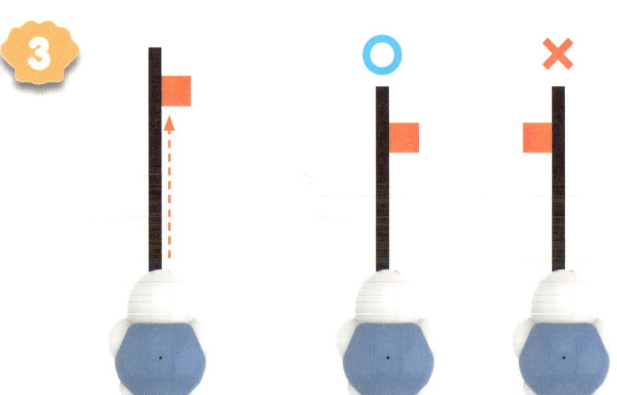

색깔 명령으로 포켓 터틀 로봇을 정지시킬 수도 있어요! 포켓 터틀 로봇이 검은색 선 위에 있는 붉은색으로 만나면 정지합니다(포켓 터틀 로봇이 지나가는 검은색 선 오른쪽에 색깔을 칠하세요).

내가 직접 포켓 터틀 로봇이 움직이는 길을 만들 수도 있어요!

검은색 선의 두께는 5mm 이상으로 해야 합니다. 선이 가늘면 포켓 터틀 로봇이 길을 찾지 못할 수 있어요.
아래의 점선 네모만큼 두껍게 검은색 선을 그려준 후 직접 포켓 터틀 로봇을 움직여 보세요.

활동 방법 1 **포켓 터틀 로봇이 학교에 가요**

집에서 출발하여 학교에 도착하면 색깔 명령(빨간색)을 활용해서 포켓 터틀 로봇을 정지시켜주세요.

활동 방법 2 **학교에서 만난 친구네 집에 초대받아 꽃 선물을 가지고 가려고 해요**

① 학교에서 친구집까지 가는 길을 검은색 직선으로 그려주세요 (5mm 이상).
② 친구네 집에 도착하면 정지할 수 있도록 빨간색 펜으로 색칠하세요.
③ 친구네 집에 도착했다면 친구에게 꽃 스티커를 붙여주세요.

〈집〉

〈학교〉

〈꽃〉 스티커를 붙여주세요

〈친구집〉

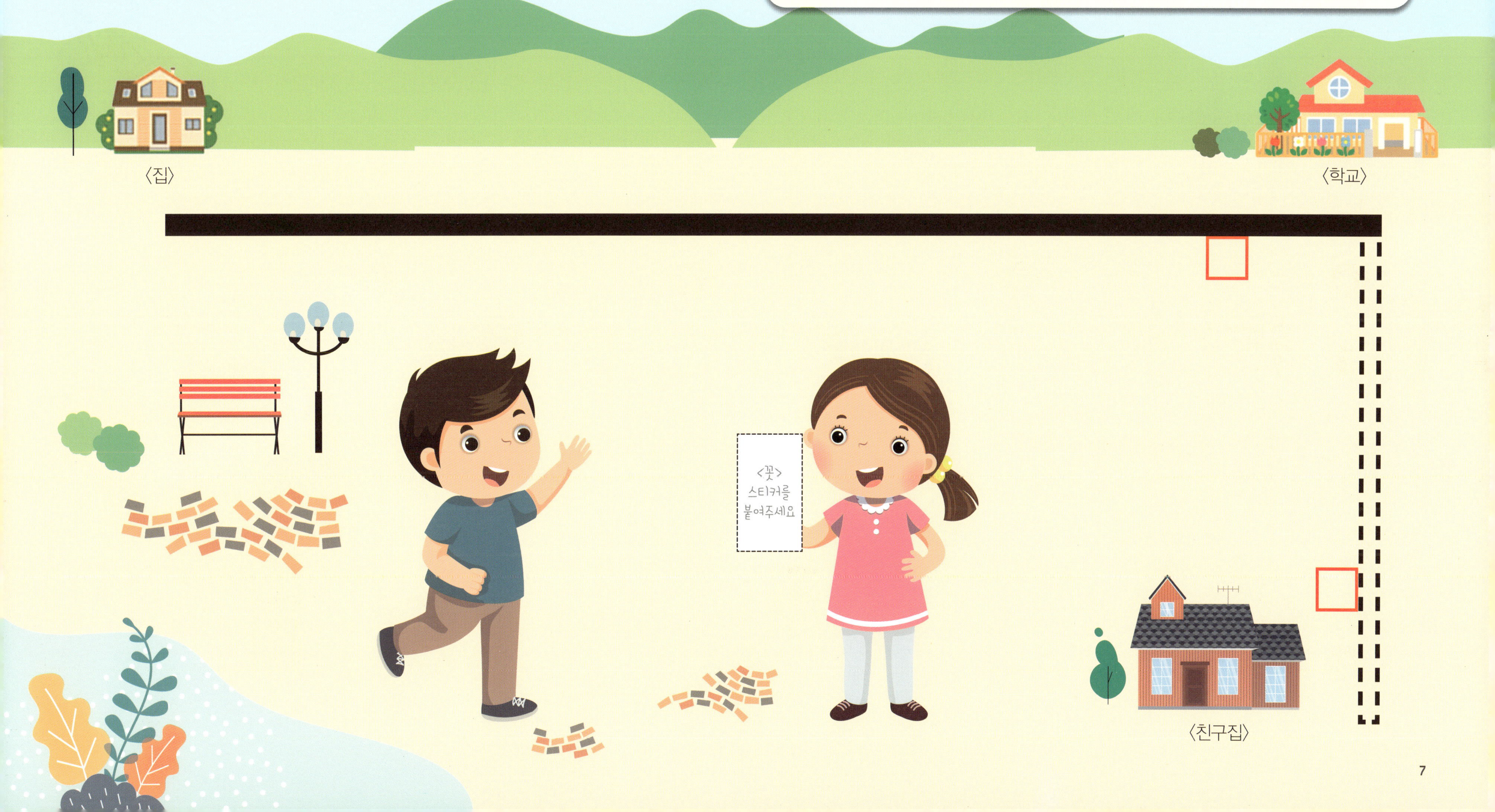

카드 코딩 활동 2
할머니, 할아버지 댁에 놀러가요

- **학습주제** : 나와 가족
- **활동목표** : 포켓 터틀 로봇을 오른쪽 방향으로 움직일 수 있다.
- **준비물** : 색깔 카드, 부록의 스티커(도넛, 과일과 떡)

90° 회전은 어린이들이 이해하기 어려우므로 다음과 같은 방법으로 설명해 주세요.
Q1 (③번에서)포켓 터틀 로봇이 어디를 보고 있나요?
Q2 별을 바라보려면 어떻게 움직여야 할까?
Q3 별을 보기 위해서 오른쪽으로 돌아야 하는구나.
Q4 파란색 오른쪽 카드를 사용해보자.
Q5 별을 바라보려면 어떻게 움직여야 할까?

포켓 터틀 로봇을 오른쪽으로 이동시키는 방법은?

- 포켓 터틀 로봇을 아래의 그림과 같이 칸 가운데 위치시키면 카드 입력 1회당 1칸을 이동합니다.
- 오른쪽으로 돌기 카드를 사용하면 포켓 터틀 로봇이 같은 칸에서 오른쪽으로 90° 회전합니다.
- 포켓 터틀 로봇은 앞과 뒤의 색깔 카드 입력 1회당 1칸(약 6.5cm) 이동합니다.

1
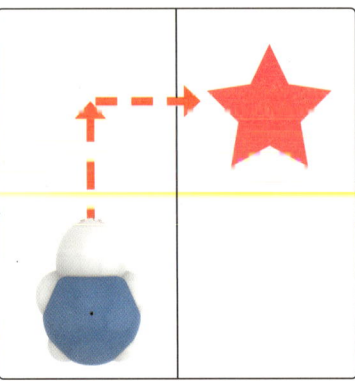
포켓 터틀 로봇이 있는 곳에서 별이 있는 곳까지 앞으로 1칸, 그리고 오른쪽으로 1번 돌고, 다시 앞으로 1칸 가야 해요.

2
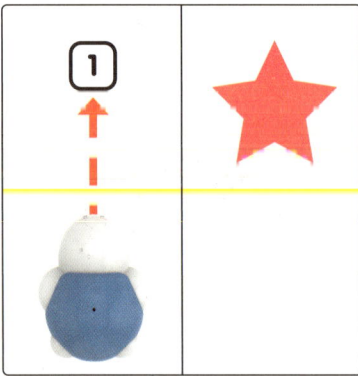
①번으로 이동하려면 1칸 앞으로 가야해요. 앞으로 이동하기 카드 를 1번 입력해 주세요.

3
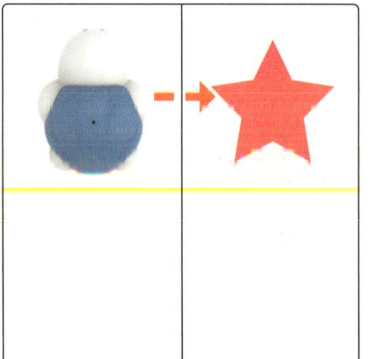
①번에 도착한 후 별이 있는 방향으로 가려면 포켓 터틀 로봇의 몸을 오른쪽으로 돌려주어야 해요. 오른쪽으로 돌기 카드 를 1번 입력해 주세요.

4
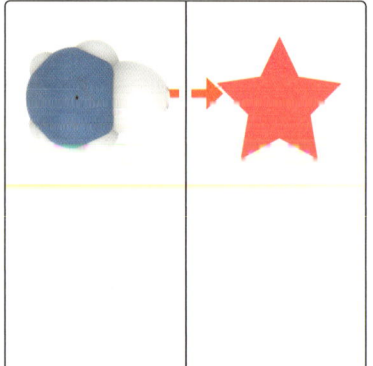
오른쪽으로 몸을 돌린 포켓 터틀 로봇이 별까지 가려면 1칸 앞으로 가야해요. 앞으로 이동하기 카드 를 1번 입력해 주세요.

5 색깔 카드를 모두 입력했나요? 등 버튼을 1번 누르면 출발합니다.

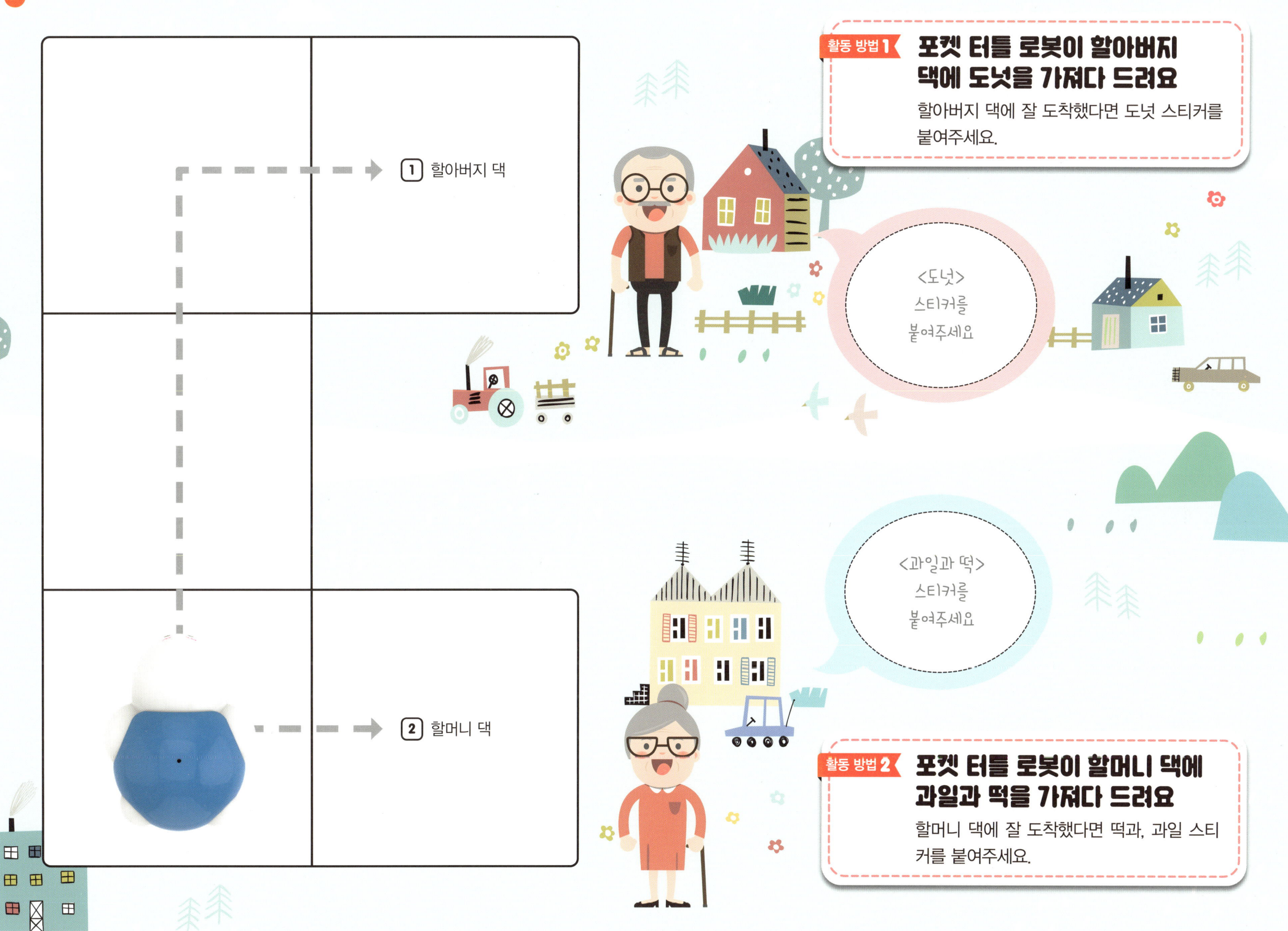

라인 코딩 활동 2

동생 생일파티를 준비해요

- **학습주제** : 나와 가족
- **활동목표** : 포켓 터틀 로봇을 곡선 위에서 움직일 수 있다.
- **준비물** : 색깔 사인펜, 연필, 부록의 스티커(케이크)

직선뿐만 아니라 곡선에서도 움직일 수 있어요. 곡선이라는 말이 어려운 경우에는 '구부러진 직선과 곡선'을 제시하지 말고, 펜을 이용해서 아이들이 직접 자유롭게 그려보면서 포켓 터틀 로봇이 움직이는 길과 그렇지 않은 길을 탐색할 수 있도록 도와주세요. 스스로 포켓 터틀 로봇의 길을 찾아내는 것도 주도적인 놀이로 의미가 있습니다.

포켓 터틀 로봇을 곡선 위에서 이동시키고, 정지시키는 방법은?

○ 곡선이란 무엇일까요?
  곡선이란 두 점을 이은 선 중 뾰족한 부분 없이 부드럽게 구부러진 선을 말해요.
○ 곡선 위에서 포켓 터틀 로봇을 이동시키고, 정지시키는 방법은 직선 위에서 움직이는 방법과 같아요.

QUIZ 1 다음 중 곡선이 아닌 것을 찾아보세요.

QUIZ 2 알맞은 짝을 찾아 각 점을 곡선으로 연결해 보아요.

엄마  •	•  우유병
아빠  •	•  화장품
아기  •	• 넥타이

# 카드 코딩 활동 3
나는야, 우리 동네 집배원

- **학습주제** : 우리 동네
- **활동목표** : 포켓 터틀 로봇을 왼쪽 방향으로 움직일 수 있다.
- **준비물** : 색깔 카드, 부록의 스티커(편지, 택배)

90° 회전은 유아들이 이해하기 어려우므로 다음과 같은 방법으로 설명해 주세요.
Q1 (③번에서)포켓 터틀 로봇이 어디를 보고 있나요?
Q2 별을 바라보려면 어떻게 움직여야 할까?
Q3 별을 보기 위해서 왼쪽으로 돌아야 하는구나.
Q4 노란색 왼쪽 카드를 사용해보자.
Q5 화살표 방향을 보고 확인해보자.

포켓 터틀 로봇을 왼쪽으로 이동시키는 방법은?

- 포켓 터틀 로봇을 아래의 그림과 같이 칸 가운데 위치시키면 카드 입력 1회당 1칸을 이동합니다.
- 왼쪽으로 돌기 카드를 사용하면 포켓 터틀 로봇이 같은 칸에서 왼쪽으로 90° 회전합니다.
- 포켓 터틀 로봇은 앞과 뒤의 색깔 카드 입력 1회당 1칸(약 6.5cm) 이동합니다.

 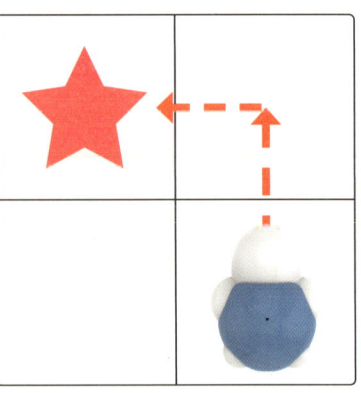
포켓 터틀 로봇이 있는 곳에서 별이 있는 곳까지 앞으로 1칸, 그리고 왼쪽으로 1번 돌고, 다시 앞으로 1칸 가야 해요.

 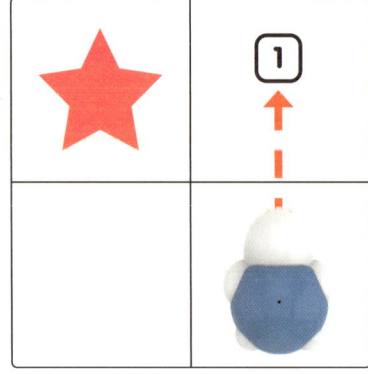
①번으로 이동하려면 1칸 앞으로 가야해요. 앞으로 이동하기 카드를 1번 입력해 주세요.

 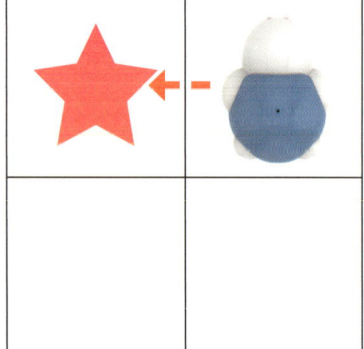
①번에 도착한 후 별이 있는 방향으로 가려면 포켓 터틀 로봇의 몸을 왼쪽으로 돌려주어야 해요. 왼쪽으로 돌기 카드를 1번 입력해 주세요.

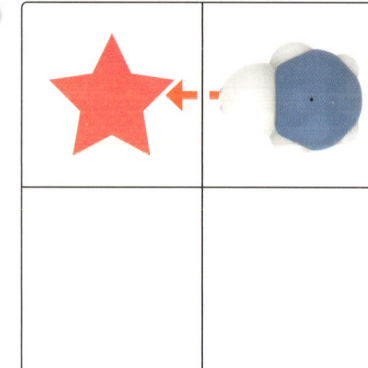
오른쪽으로 몸을 돌린 포켓 터틀 로봇이 별까지 가려면 1칸 앞으로 가야해요. 앞으로 이동하기 카드를 1번 입력해 주세요.

5 색깔 카드를 모두 입력했나요? 등 버튼을 1번 누르면 출발합니다.

활동 방법 1 집배원 포켓 터틀 로봇이  파란 지붕집에 편지를 배달해요

활동 방법 2 집배원 포켓 터틀 로봇이  빨간 지붕집에 택배를 배달해요
편지와 택배를 잘 배달했다면 편지와 택배 스티커를 붙여주세요.

<편지>
스티커를
붙여주세요

<택배>
스티커를
붙여주세요

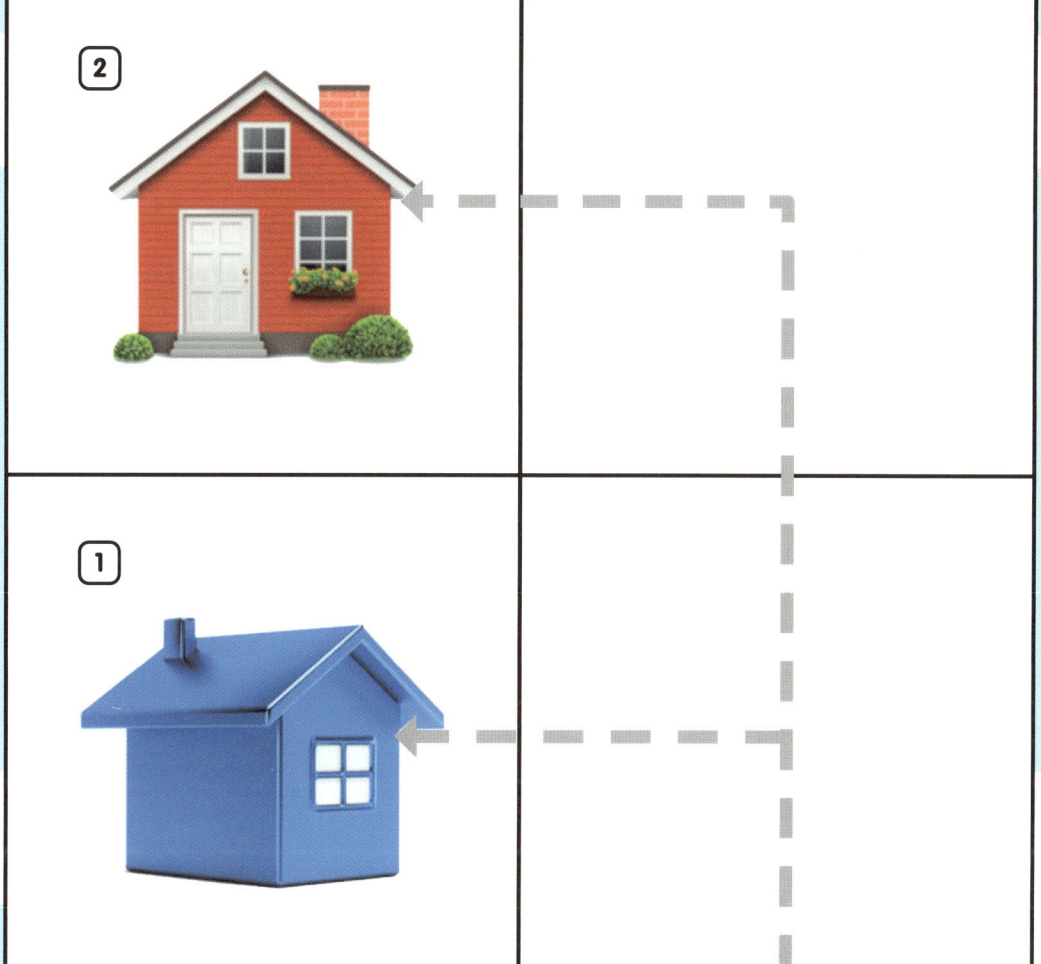

라인 코딩 활동 3
살고 싶은 우리 동네를 꾸며요

- **학습주제** : 우리 동네
- **활동목표** : 포켓 터틀 로봇을 교차로 위에서 앞으로 움직일 수 있다.
- **준비물** : 색깔 사인펜, 부록의 스티커(학교, 병원, 놀이동산)

어린이들이 오른쪽을 이해하기 어려운 경우에는 포켓 터틀 로봇에 스티커를 붙여서 놀이해도 좋습니다.

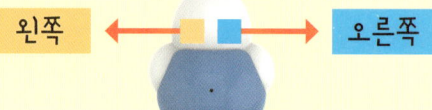

포켓 터틀 로봇을 교차로 위에서 앞으로 이동하는 방법은?

○ 선과 선이 만나는 곳을 '교차로'라고 해요.

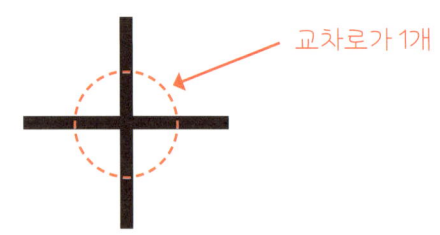 교차로가 1개

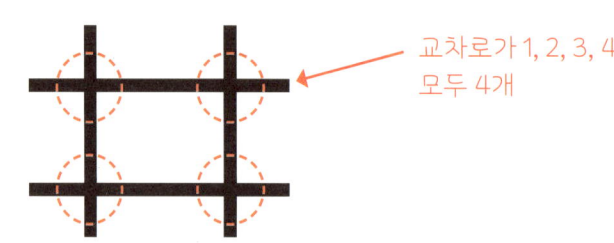 교차로가 1, 2, 3, 4 모두 4개

○ 포켓 터틀 로봇은 교차로 위의 검은색 선의 테두리를 따라 앞으로 이동하다가, 선의 끝에서 여러 번 빙글빙글 돈 후 되돌아갑니다. 내가 원하는 방향으로 이동하게 하려면 색깔 명령을 사용해야 해요.
○ 포켓 터틀 로봇이 초록색을 만나면 교차로에서 앞으로 갑니다(색칠하는 네보의 크기는 1cmX1cm 이상으로 해야 합니다).
○ 항상 포켓 터틀 로봇이 지나가는 검은색 선 오른쪽에 색깔을 칠하세요.

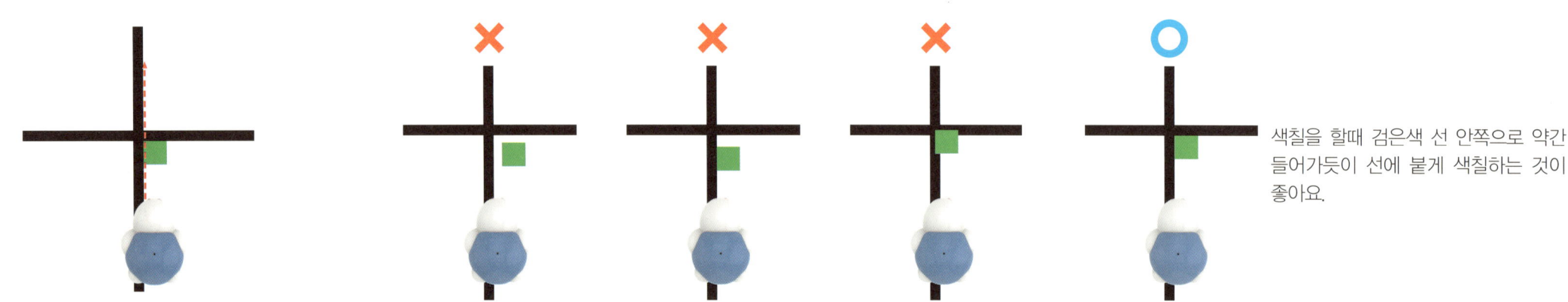

색칠을 할때 검은색 선 안쪽으로 약간 들어가듯이 선에 붙게 색칠하는 것이 좋아요.

카드 코딩 활동 4
거북이가 알을 낳으러 가요

- **학습주제** : 동식물과 자연
- **활동목표** : 포켓 터틀 로봇을 뒤로 움직일 수 있다.
- **준비물** : 색깔 카드, 부록의 스티커(거북이 알)

방향 '앞'과 '뒤'를 구분하기 위해서는 포켓 터틀 로봇 눈 쪽은 '앞', 반대 부분인 엉덩이 쪽을 '뒤'라고 알려주고, 색깔 카드의 그림과 연결해서 설명해주면 됩니다.

포켓 터틀 로봇을 뒤로 이동시키는 방법은?
- 포켓 터틀 로봇을 아래의 그림과 같이 칸 가운데 위치시키면 카드 입력 1회당 1칸을 이동합니다.
- 포켓 터틀 로봇은 앞과 뒤의 색깔 카드 입력 1회당 1칸(약 6.5cm) 이동합니다.

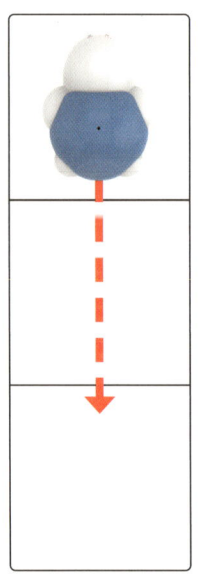

포켓 터틀 로봇이 있는 곳에서 별이 있는 곳까지 가려면 2칸 뒤로 가야 해요.

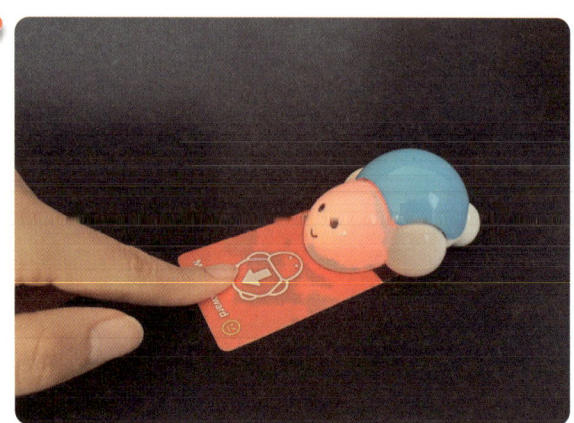

카드 코딩 방법을 이용하여 뒤로 이동하기 카드를 2번 입력해 주세요.

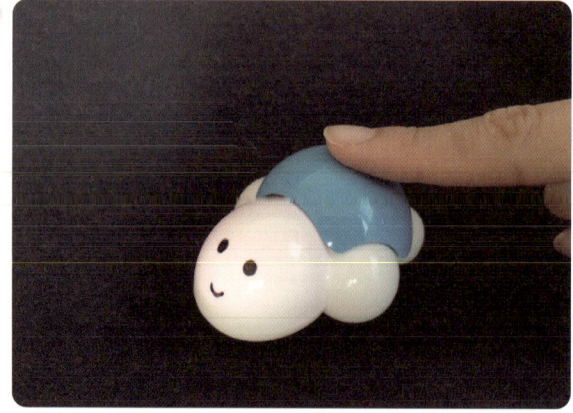

등 버튼을 1번 눌러주세요. 포켓 터틀 로봇이 뒤로 2칸 이동하여 별에 도착합니다.

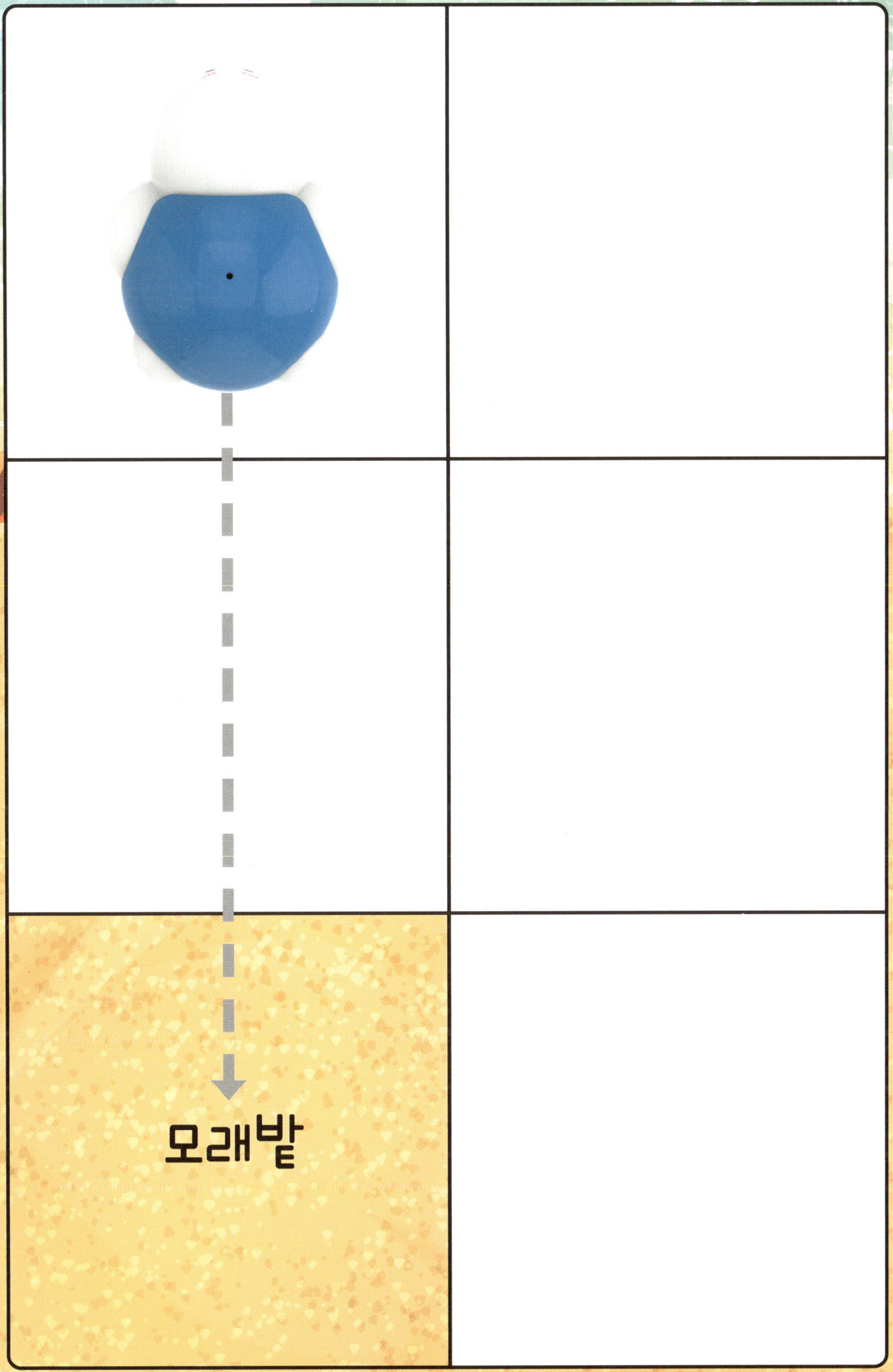

| 활동 방법 1 | **포켓 터틀 로봇이 알을 낳으러 바닷가 모래밭으로 가요**

뒤로 움직여 모래밭으로 이동시켜보세요. 뒤로 몇 번 이동해야 할까요? 잘 도착했다면 거북이 알 스티커를 모래밭에 붙여주세요.

모래밭

⟨거북이 알⟩
스티커를
붙여주세요

암컷 바다거북은 1년에 적어도 3번 이상 알을 낳으러 자기가 태어난 바닷가의 모래밭으로 돌아온대요. 그리고 1번에 100~200개 정도의 알을 낳아요. 알은 탁구공처럼 동그랗고, 말랑말랑 하기도 해요.

⟨출처 : 프뢰벨 생생다큐 자연관찰- 바다거북⟩

라인 코딩 활동 4

동물들의 식사 시간

- **학습주제** : 동식물과 자연
- **활동목표** : 포켓 터틀 로봇을 교차로 위에서 오른쪽 방향으로 움직일 수 있다.
- **준비물** : 색깔 사인펜, 부록의 스티커(바나나, 대나무)

교차로 시작점을 다르게 하면서 놀이해보면 보는 시각에 따라 달라지는 '오른쪽', '왼쪽' 방향 어휘를 알 수 있습니다.

포켓 터틀 로봇을 교차로 위에서 오른쪽 방향으로 이동하는 방법은?

- 포켓 터틀 로봇은 교차로 위의 검은색 선의 테두리를 따라 앞으로 이동하다가, 선의 끝에서 여러 번 빙글빙글 돈 후 되돌아갑니다. 내가 원하는 방향으로 이동하게 하려면 색깔 명령을 사용해야 해요.
- 포켓 터틀 로봇이 파란색을 만나면 교차로에서 오른쪽 방향으로 갑니다.
  (색칠하는 네모의 크기는 1cmX1cm 이상으로 해야 합니다)

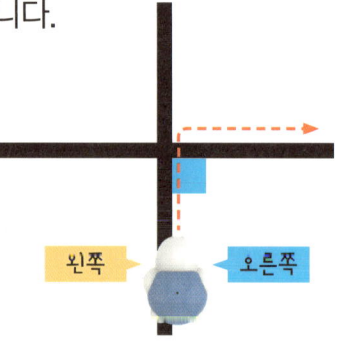

QUIZ 포켓 터틀 로봇을 다음과 같은 출발점에 놓고 교차로에서 오른쪽 방향으로 가려면 색깔 명령을 교차로의 어느 곳에 색칠해야 할까요?

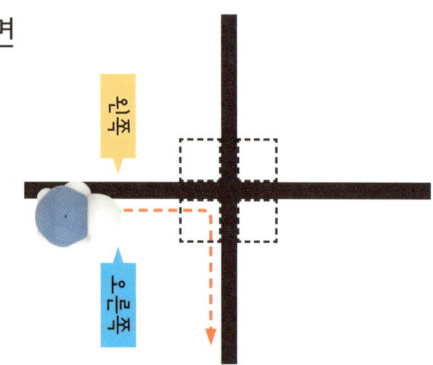 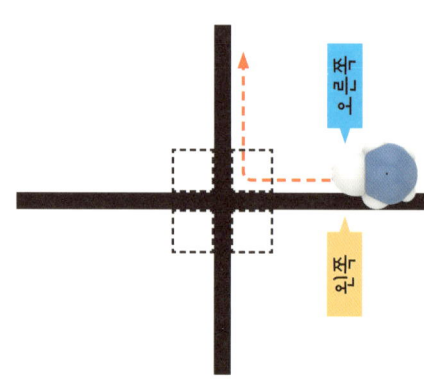

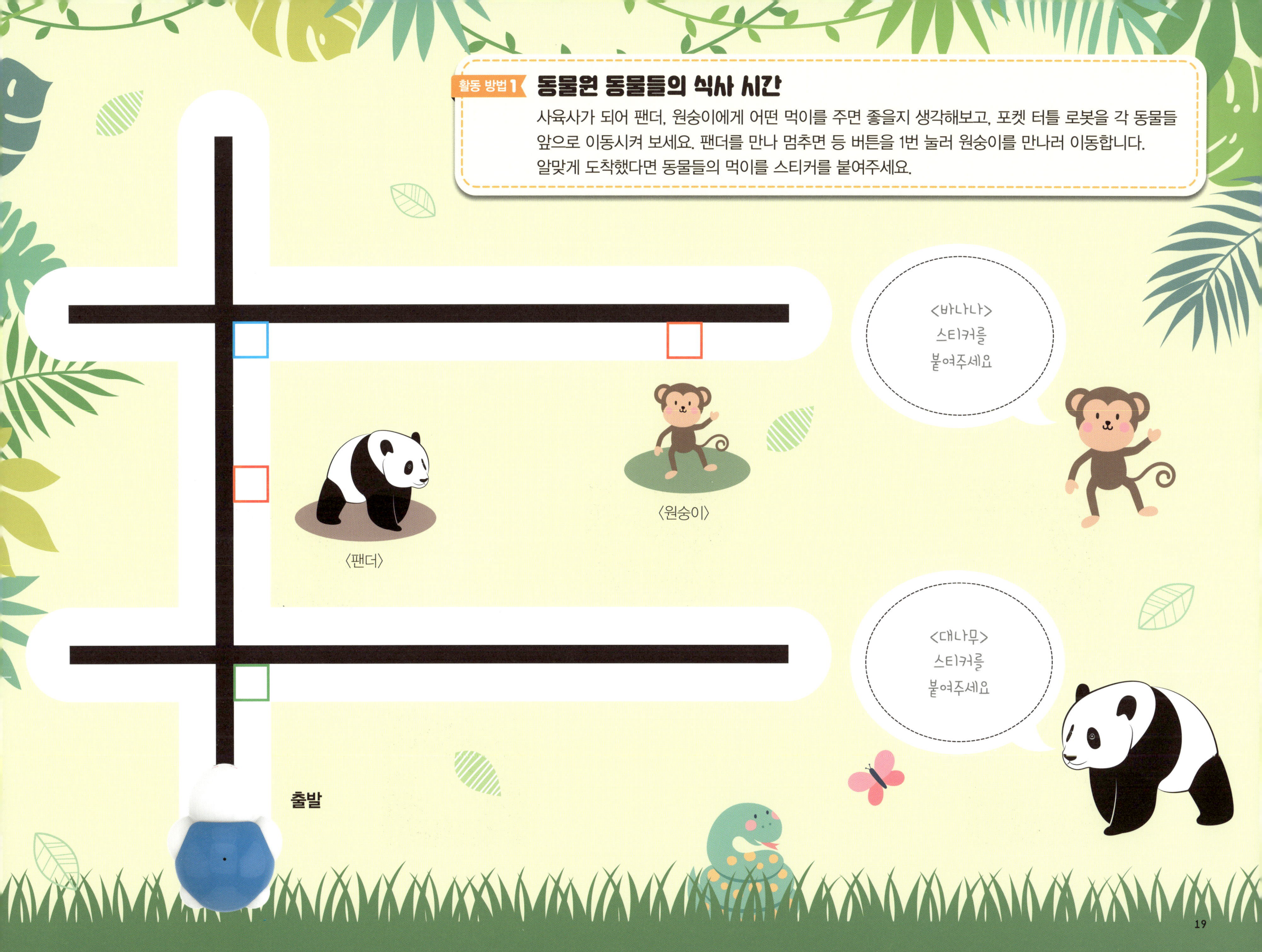

 카드 코딩 활동 5

내 몸의 건강을 확인해 보아요

- **학습주제** : 건강과 안전
- **활동목표** : 반복되는 패턴을 찾아 코딩할 수 있다.
- **준비물** : 색깔 카드, 부록의 스티커(키, 몸무게, 시력)

{ } 함수 카드에 16회 까지 카드를 입력할 수 있습니다. 17회 이상 입력되면 사이렌 소리와 빨간색 조명으로 더 이상 입력할 수 없음을 알려줍니다. 아래 예시 '앞-앞-오른쪽'이 어려운 경우에는 '앞-뒤', '앞-뒤-앞-뒤'를 연결 입력하여 포켓 터틀 로봇이 제자리에 머무는 것을 아이들이 발견할 수 있도록 도울 수 있습니다.

함수 카드 입력하는 방법은?

- 카드 코딩 모드로 진입하는 방법까지는 동일합니다
- 포켓 터틀 로봇의 전원을 켠 후 등 버튼을 3초 이상 눌러 머리 LED가 하얀색으로 변한다면 함수 카드를 입력합니다.

등 버튼을 2번 연속해서 누르면 삐~삐 소리와 함께 머리 LED가 노란색으로 커지면서 함수 카드 입력 대기 상태가 됩니다

 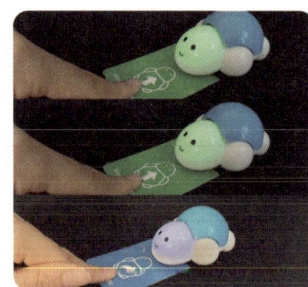
1장의 함수 카드에 저장하고 싶은 색깔 카드를 입력합니다.
예)
{앞으로-앞으로-오른쪽}

함수 코드 입력이 완료되면 포켓 터틀 로봇의 등 버튼을 1번 눌러주세요. 머리 LED가 밝아지면서 입력된 코드 (예, 앞으로-앞으로-오른쪽)를 저장합니다.

함수 카드 명령을 불러오는 방법은?

 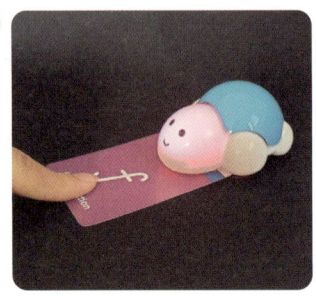
앞선 따라하기에 이어서 함수 카드를 입력하면 저장된 함수 코드를 불러옵니다.

** 함수 카드의 입력 횟수 예)
1회: {앞으로-앞으로-오른쪽}
2회: {앞으로-앞으로-오른쪽}
　　　{앞으로-앞으로-오른쪽}
3회: {앞으로-앞으로-오른쪽}
　　　{앞으로-앞으로-오른쪽}
　　　{앞으로-앞으로-오른쪽}

등 버튼을 1번 누르면 포켓 터틀 로봇이 함수 카드로 입력된 명령을 실행합니다.

활동 방법 1 | 병원에서 건강검진을 해요

키 → 몸무게 → 시력 순서대로 이동해 보아요.
앞-앞-오른쪽
앞-앞-오른쪽
앞-앞-오른쪽
이렇게 코딩하면 됩니다.

활동 방법 2 | 같은 경로를 함수 카드를 활용해서 코딩하고 스티커를 붙여보세요

'앞-앞-오른쪽'으로 똑같이 3번 움직이면 키 → 몸무게 → 시력으로 이동할 수 있어요. 함수 카드를 이용해서 해 볼까요?

RECEPTION

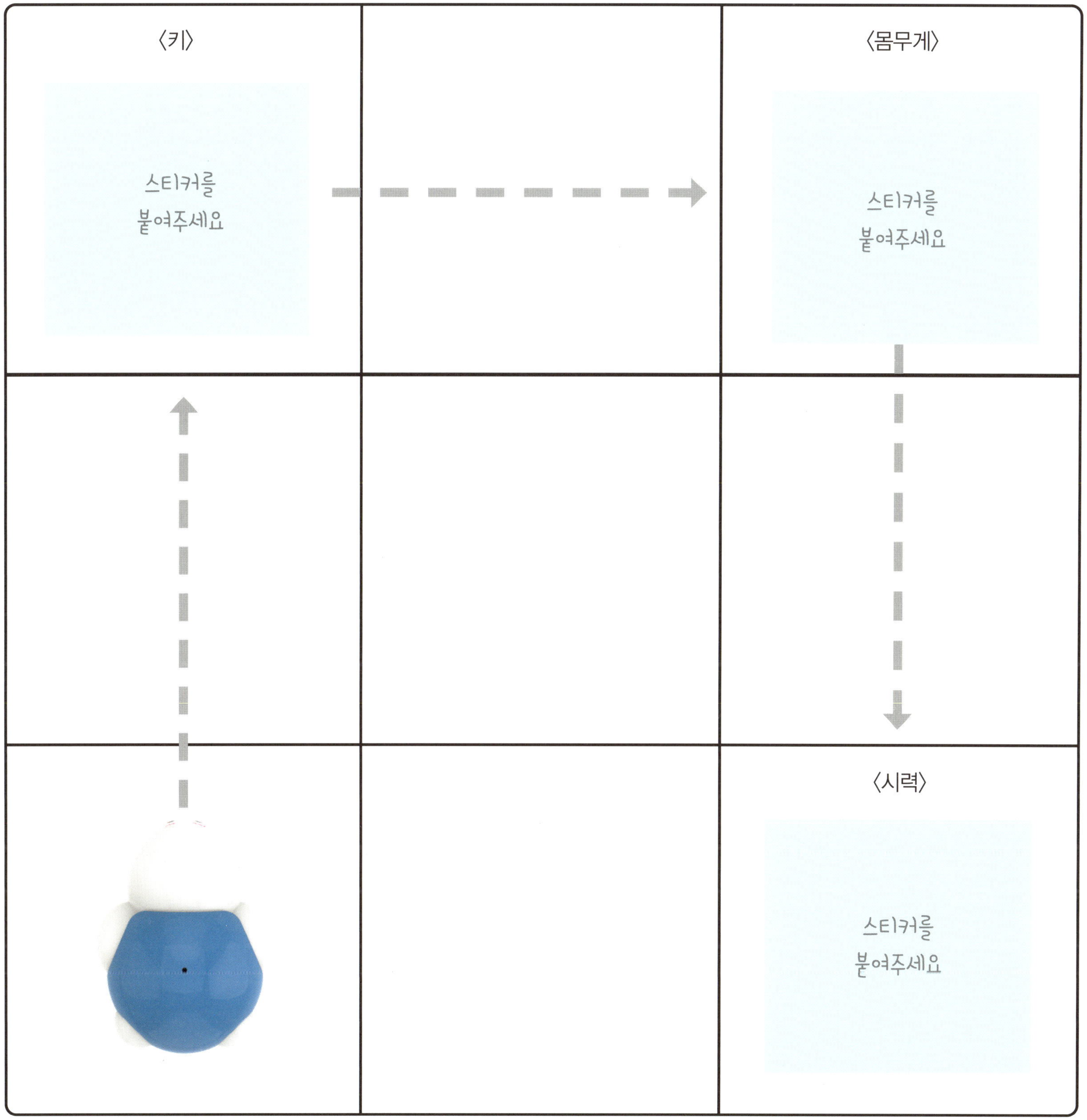

〈키〉 스티커를 붙여주세요	→	〈몸무게〉 스티커를 붙여주세요
↑		↓
		〈시력〉 스티커를 붙여주세요

라인 코딩 활동 5

미세먼지가 심할 땐 어떻게 해야 할까요?

- **학습주제** : 건강과 안전
- **활동목표** : 포켓 터틀 로봇을 교차로 위에서 지시대로 움직일 수 있다.
- **준비물** : 색깔 사인펜, 연필, 부록의 스티커(마스크, 손씻기)

색칠할 네모의 크기 제시가 필요한 경우에는 테두리 네모를 주는 방법도 있습니다.
교실에서 자유놀이 시에는 1cm x 1cm 라벨 스티커를 이용하여 유아들이 해당 위치에 붙이고 색칠하며 놀이하도록 안내할 수 있습니다.

포켓 터틀 로봇을 교차로 위에서 왼쪽 방향으로 이동하는 방법은?

- 포켓 터틀 로봇은 교차로 위의 검은색 선의 테두리를 따라 앞으로 이동하다가, 선의 끝에서 여러 번 빙글빙글 돈 후 되돌아갑니다. 내가 원하는 방향으로 이동하게 하려면 색깔 명령을 사용해야 해요.
- 포켓 터틀 로봇이 **노란색**을 만나면 교차로에서 **왼쪽** 방향으로 갑니다.
  (색칠하는 네모의 크기는 1cmX1cm 이상으로 해야 합니다)

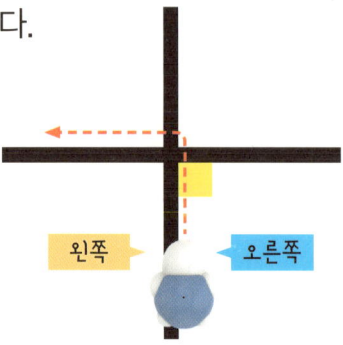

QUIZ 포켓 터틀 로봇이 교차로에서 왼쪽으로 가려고 해요. 왼쪽으로 가는 색깔 명령을 올바르게 표시한 것은 몇 번일까요? (   )

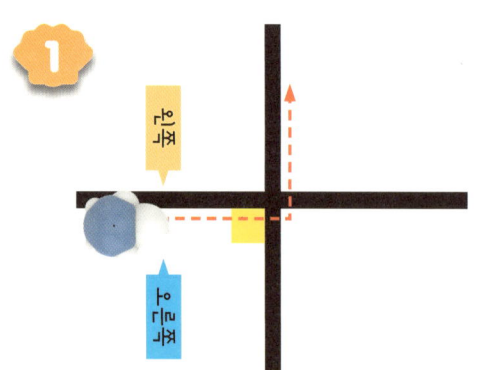

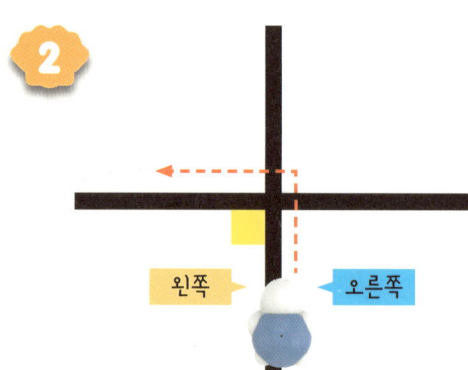

활동 방법 1 **미세먼지는 우리 건강에 해로워요**

미세먼지가 심한 날에 지켜야 할 행동 수칙을 살펴보고, 포켓 터틀 로봇을 움직여 나머지 2개의 행동 수칙 스티커를 붙여 완성시켜 보세요. 마스크 착용에서 멈추면 등 버튼을 1번 눌러 손 씻기로 이동합니다.

외출 후
손 씻기

미세먼지 높은 날 건강생활수칙

<마스크>
스티커를
붙여주세요

<손 씻기>
스티커를
붙여주세요

외출 시 식약처에서
인증한 마스크 착용

외출 후
손, 얼굴, 깨끗이 씻기

장시간 실외 활동
자제

충분한 수분 섭취

과일, 채소 등
충분히 씻어 먹기

창문을 닫아 외부의
미세먼지 유입을 차단

외출 시
마스크 착용

출발

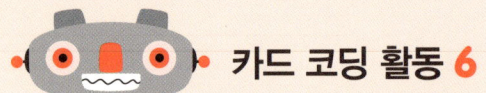

카드 코딩 활동 6
생활도구로 우리집 꾸미기

- **학습주제** : 생활도구
- **활동목표** : 주어진 미션을 수행할 수 있는 경로를 계획하고 코딩할 수 있다.
- **준비물** : 색깔 카드, 부록의 스티커(소파, TV, 노트북, 공기 청정기, 에어컨, 청소기, 세탁기, 냉장고)

> 자신이 꾸미고 싶은 생활도구를 선택하고, 그곳까지 도착하기 위해 필요한 카드와 입력 순서를 미리 이야기해주도 좋습니다.
> 예) 노트북으로 가는 방법1 : 오른쪽 - 앞 - 왼쪽 - 앞
>   노트북으로 가는 방법2 : 앞 - 오른쪽 - 앞
> 옆의 활동을 통해 아래의 빈 칸을 스티커로 채워주세요.

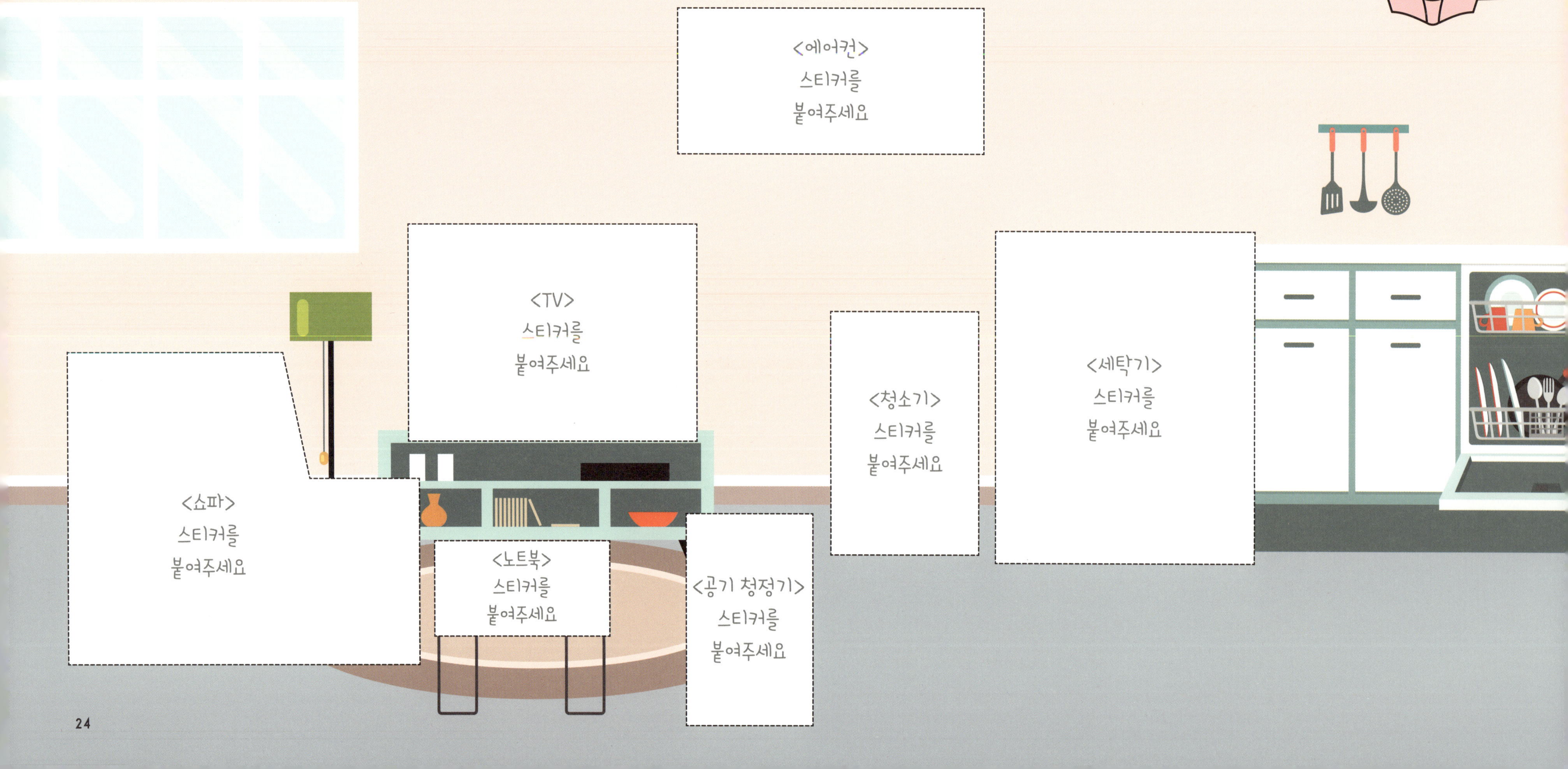

<에어컨> 스티커를 붙여주세요

<TV> 스티커를 붙여주세요

<세탁기> 스티커를 붙여주세요

<청소기> 스티커를 붙여주세요

<소파> 스티커를 붙여주세요

<노트북> 스티커를 붙여주세요

<공기 청정기> 스티커를 붙여주세요

활동 방법 1 **우리집에는 여러 종류의 생활도구가 필요해요**

포켓 터틀 로봇을 필요한 생활도구가 있는 칸에 도착하게 코딩하세요. 도착한 칸에 있는 생활도구 스티커를 아래의 배경판에 붙여 우리집을 꾸며보세요.

〈냉장고〉 스티커를 붙여주세요

〈쇼파〉 〈세탁기〉 〈냉장고〉

〈청소기〉 〈공기 청정기〉 〈노트북〉

〈TV〉 〈에어컨〉

라인 코딩 활동 6
지금 필요한 생활도구는 무엇일까?

- **학습주제** : 생활도구
- **활동목표** : 포켓 터틀 로봇을 되돌아 움직일 수 있다.
- **준비물** : 색깔 사인펜, 부록의 스티커(병따개, 가위, 망치)

이동하는 방향을 180°도 바꾸어 회전해서 가는 것을 '유턴'이라고 합니다. 교통표지판 중 '유턴'을 알고있다면, 유턴 단어를 사용할 수 있습니다.

포켓 터틀 로봇을 교차로에서 되돌아오게 하는 방법은?

- 포켓 터틀 로봇은 검은색 선의 테두리를 따라 앞으로 이동하다가, 선의 끝에서 여러 번 빙글빙글 돈 후 되돌아갑니다. 내가 원하는 방향으로 이동하게 하려면 색깔 명령을 사용해야 해요.
- 포켓 터틀 로봇이 보라색을 만나면 되돌아 갑니다.
  (색칠하는 네모의 크기는 1cmX1cm 이상으로 해야 합니다)

QUIZ 포켓 터틀 로봇이 교차로를 통과한 후 끝에서 다시 출발한 곳으로 되돌아오려면 어떤 색깔 명령이 필요할까요?
네모 색깔을 보면서 색칠한 후 직접 포켓 터틀 로봇을 움직여 확인해 보세요.

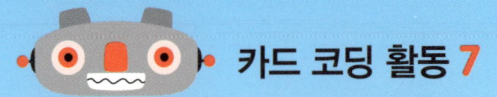

카드 코딩 활동 7

육상, 해상, 항공 교통기관을 알아보아요

- **학습주제** : 교통기관
- **활동목표** : 장애물을 피해 목적지까지 갈 수 있는 경로를 계획하고 코딩할 수 있다.
- **준비물** : 색깔 카드, 부록의 스티커(비행기, 자동차, 배)

활동 방법 1 **육상, 해상, 항공 교통기관에는 어떤 것들이 있을까요?**
'STOP' 장애물을 피해 교통기관을 찾은 후 스티커를 붙여주세요.

<비행기>
스티커를
붙여주세요

목적지까지 가는 길이 여러 가지가 있음을 아는 것은 '문제 해결력'과 관련이 있습니다. 장애물을 피해서 목적지에 가는 것은 앞선 경우보다 조금 더 난이도가 있는 수업이 되겠습니다.

<자동차>
스티커를
붙여주세요

<배>
스티커를
붙여주세요

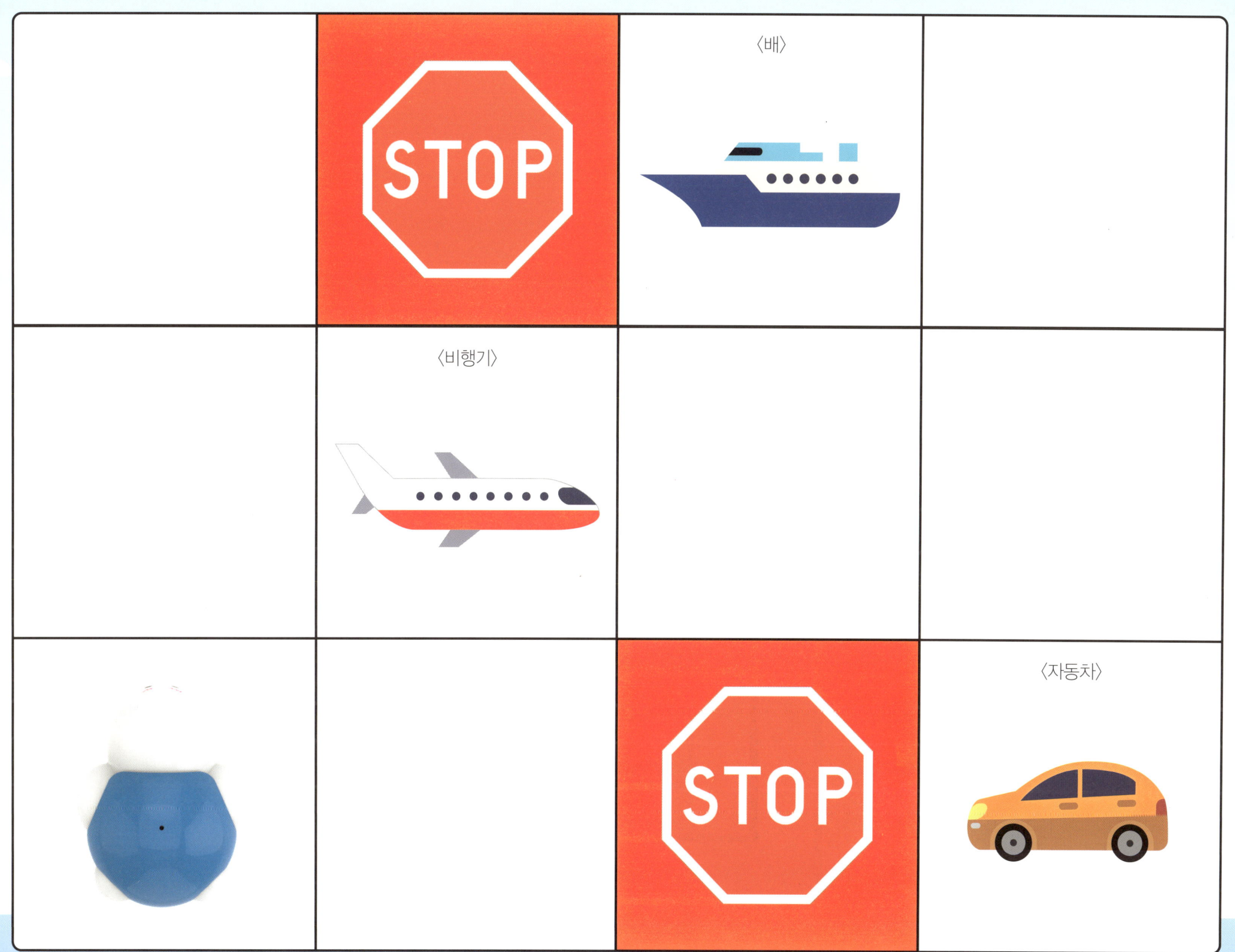

라인 코딩 활동 7
자동차를 움직이려면?

- **학습주제** : 교통기관
- **활동목표** : 주어진 미션을 수행할 수 있는 경로를 계획하고 코딩할 수 있다.
- **준비물** : 색깔 사인펜, 연필

본 미로찾기의 난이도 수정이 필요할 때는 다음과 같이 ①②③을 거쳐서 가도록 사고 단계를 끊어 제시할 수 있습니다.

활동 방법 1 **포켓 터틀 로봇이 자동차를 잃어버렸어요**
꼬불꼬불 미로를 통과해서 포켓 터틀 로봇에게 자동차를 찾아주세요.

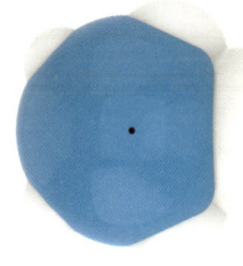

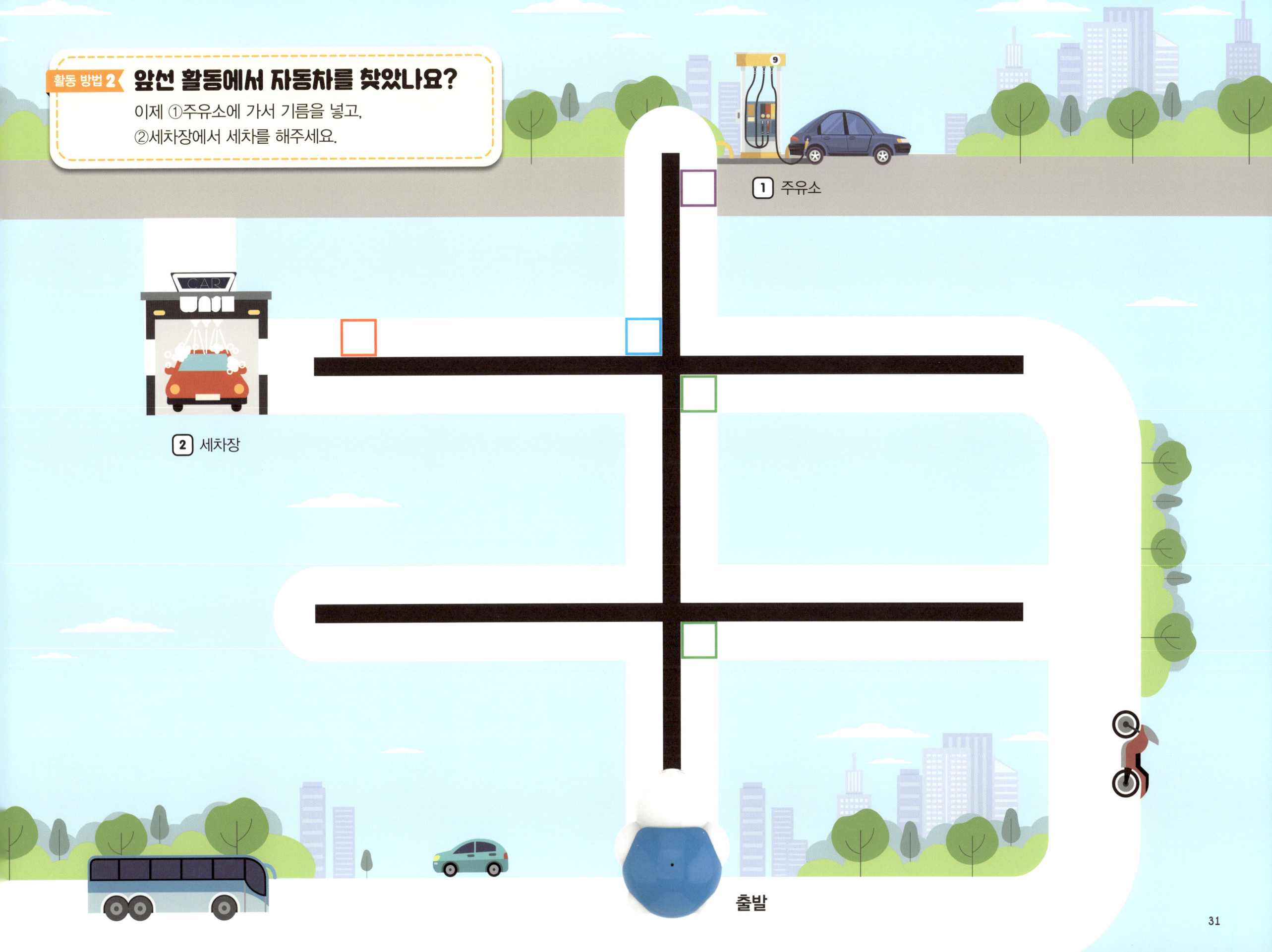

카드 코딩 활동 8

전통놀이 한마당

- **학습주제** : 우리나라
- **활동목표** : 장애물을 피해 미션을 수행할 수 있는 경로를 계획하고 코딩할 수 있다.
- **준비물** : 색깔 카드, 부록의 스티커(연 날리기, 윷놀이, 널뛰기, 투구 놀이)

생활 주변에서 볼 수 있는 짝이 되는 물건들은 속성에 따른 분류하기에 속하는 것으로 수학적 사고력을 증진합니다.

활동 방법 1 **신나는 전통놀이 한마당이 열리고 있어요**
친구들이 필요한 놀이를 부록에서 찾아 스티커를 붙여주세요.

<연 날리기> 스티커를 붙여주세요

<윷놀이> 스티커를 붙여주세요

<널뛰기> 스티커를 붙여주세요

<투구 놀이> 스티커를 붙여주세요

〈널뛰기〉 			〈윷놀이〉 
	〈투구 놀이〉 	〈훌라후프〉 	〈연 날리기〉 
〈볼링〉 			

라인 코딩 활동 8
미술관에서 풍속화를 감상해요

- **학습주제** : 우리나라
- **활동목표** : 2개의 목적지를 차례대로 도착할 수 있도록 계획하고 코딩할 수 있다.
- **준비물** : 색깔 사인펜, 부록의 스티커(김홍도 <씨름>, <활쏘기>, <무동>)

> 두 개의 문제를 연결해서 해결하는 것은 기초적인 문제 해결보다 난이도가 높은 활동입니다. 두 개의 문제를 연결하여 해결하기 어려워하는 어린이는 순서대로 한 문제씩 풀면서 활동할 수 있습니다.

활동 방법 1 포켓 터틀 로봇이 ①번 목적지에 들린 후 ②번 목적지에 도착하고, 출발점까지 오려고 해요

출발점 ① → ② → 출발점까지 포켓 터틀 로봇이 움직일 수 있게 색깔 사인펜을 이용하여 빈칸에 색칠해 주세요.

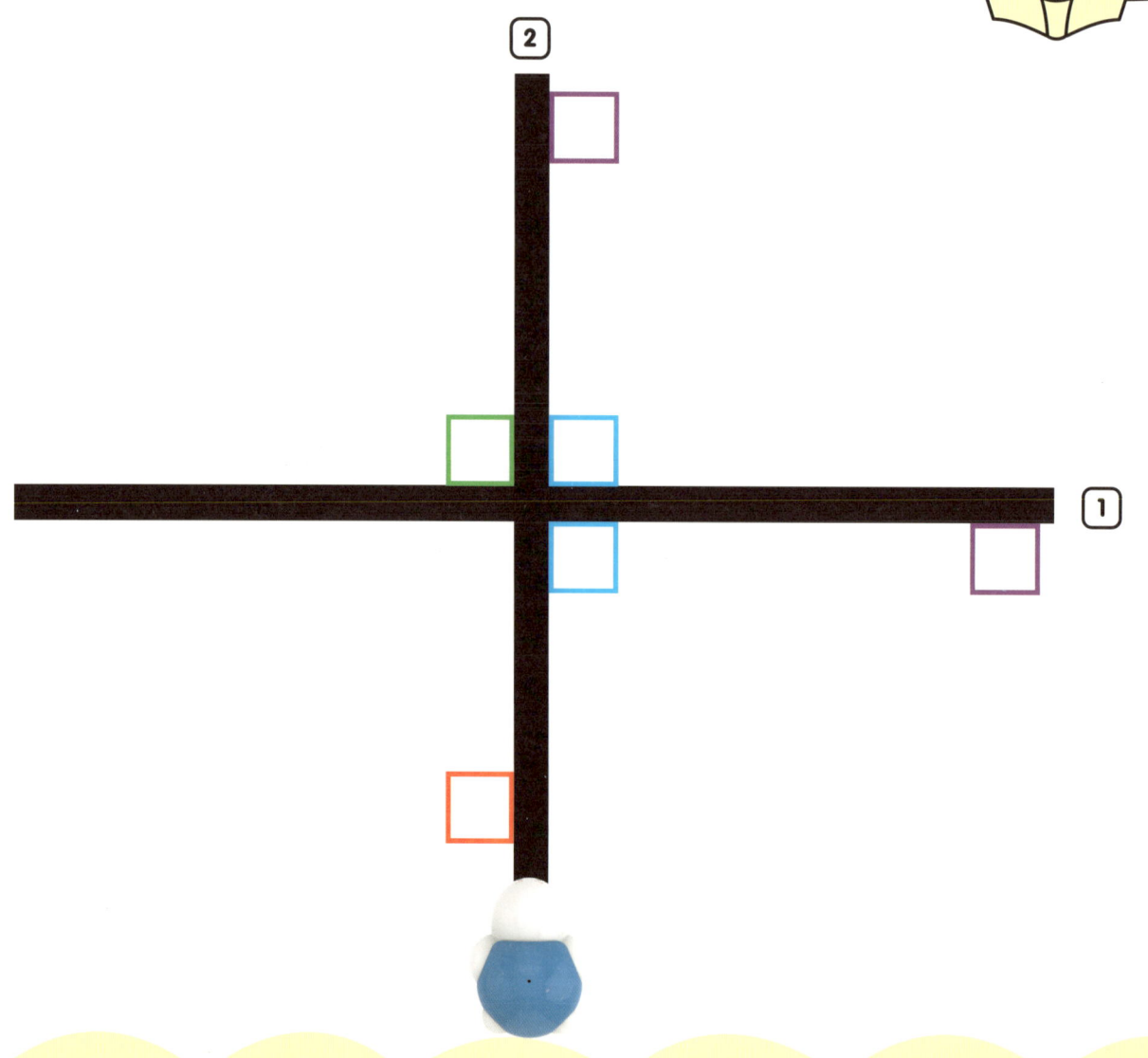

활동 방법 2: 포켓 터틀 로봇과 함께 풍속화 미술관에 왔어요

'① 무동 → ② 활쏘기 → ③ 씨름' 순서대로 김홍도의 작품을 감상할 수 있게 색깔 사인펜을 이용하여 빈칸에 색칠해 주세요.

활동 방법 3: 포켓 터틀 로봇과 함께 김홍도의 작품을 잘 감상하였나요?

부록에서 김홍도의 작품 스티커로 나만의 풍속화를 완성해 보세요.

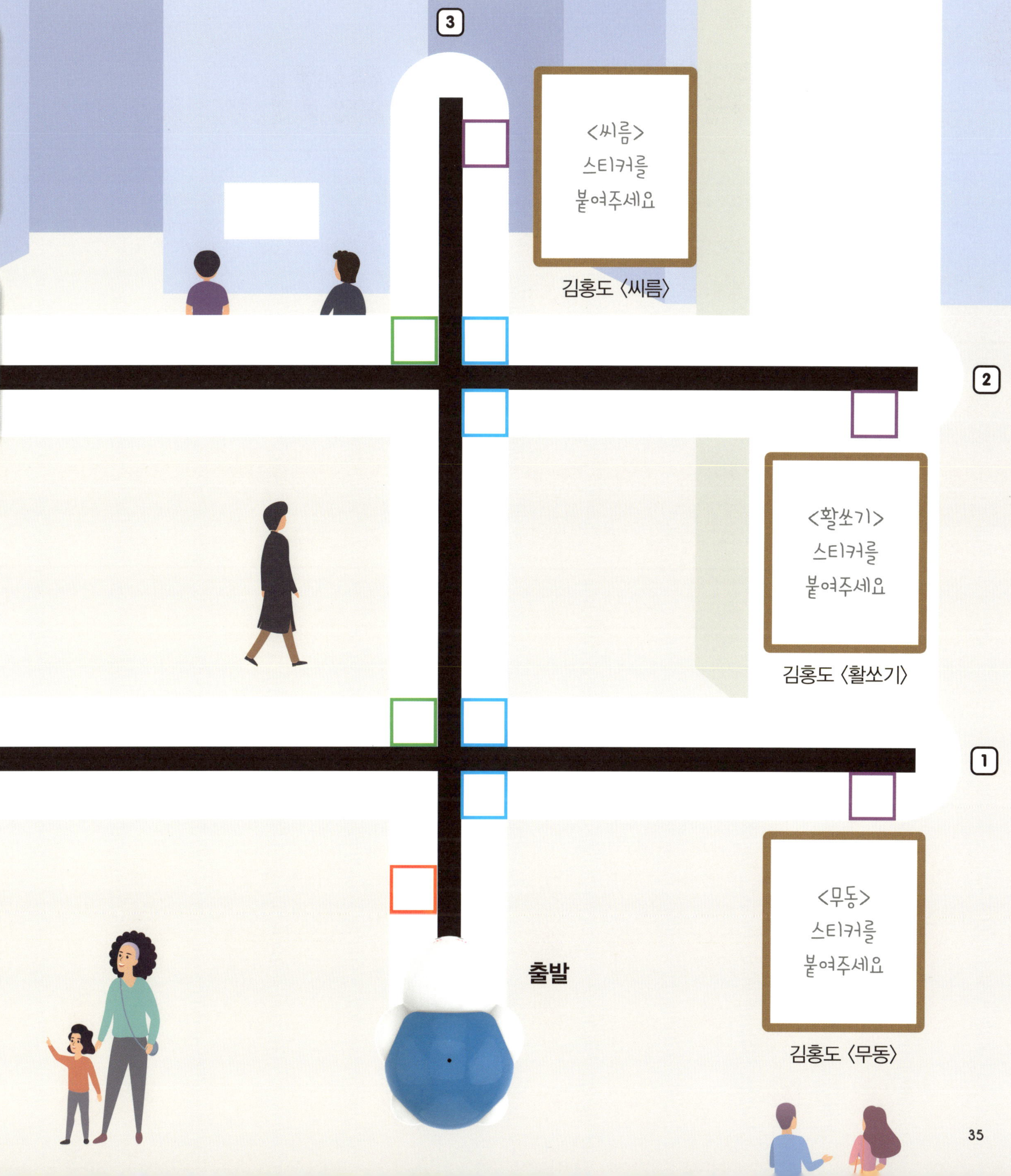

③

〈씨름〉 스티커를 붙여주세요

김홍도 〈씨름〉

②

〈활쏘기〉 스티커를 붙여주세요

김홍도 〈활쏘기〉

①

〈무동〉 스티커를 붙여주세요

김홍도 〈무동〉

출발

카드 코딩 활동 9

뒤죽박죽!! 나라 이름 찾기

- **학습주제** : 세계 여러 나라
- **활동목표** : 주어진 미션을 수행할 수 있는 경로를 선택하여 글자를 완성할 수 있다.
- **준비물** : 색깔 카드, 부록의 스티커(태국, 이탈리아, 캐나다)

> 뒤죽박죽 된 낱글자를 읽어주세요.
> 친숙한 단어가 아닌 낱글자의 모양과 소리에 관심을 가질 수 있습니다.
> 낱글자 모양과 소리 연결은 단어 확장에 기초적인 사고경험을 제공합니다.
> **예** 여기 '태'로 시작하는 글자는 또 무엇이 있을까?
> 답: 태권도

활동 방법 1 **숨겨진 세계 여러 나라의 이름을 찾아주세요**

'태국'의 이름을 찾았나요?
'태'가 적힌 칸 위에 포켓 터틀 로봇을 올려놓고 '국'이 적힌 칸으로 이동할 수 있게 코딩해 주세요.
'태국'의 국기 스티커를 아래에 붙여주세요.
숨겨진 다른 나라의 이름도 같은 방법으로 찾아서 스티커를 붙여주세요.

1
<태국>
국기 스티커를
붙여주세요

2
<이탈리아>
국기 스티커를
붙여주세요

3
<캐나다>
국기 스티커를
붙여주세요

탈		나	국
캐	태	리	아
이			다

라인 코딩 활동 9
어떤 세계문화유산이 있을까?

- **학습주제** : 세계 여러 나라
- **활동목표** : 제시된 미션을 순서대로 수행함으로써 논리적 사고력을 기른다.
- **준비물** : 색깔 사인펜, 부록의 스티커(프랑스 에펠탑, 이집트 피라미드, 중국 만리장성)

연결된 3개의 문제를 라인 코딩으로 해결해 봅니다. 색깔 사인펜 위치 결정을 어려워하는 아이들에게는 성인이 색칠할 자리에 검은색 □로 표시하고 아이가 필요한 색깔 사인펜으로 칠합니다.

활동 방법 1 포켓 터틀 로봇이 세계 여러 나라에 있는 문화유산을 탐방하러 길을 떠나요.
프랑스→이집트→중국 순서대로 탐방할 수 있게 색깔 사인펜을 이용하여 코딩해 주세요.
포켓 터틀 로봇이 모든 세계문화유산을 탐방했다면 아래의 칸에 스티커를 붙여주세요.

1
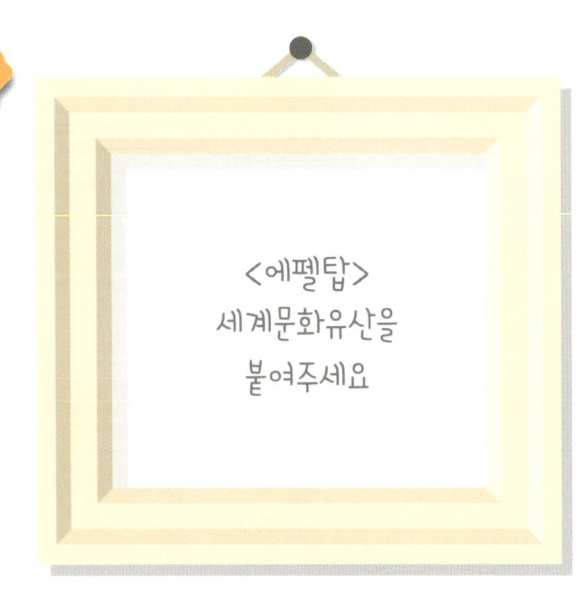
〈프랑스 에펠탑〉

2

〈이집트 피라미드〉

3
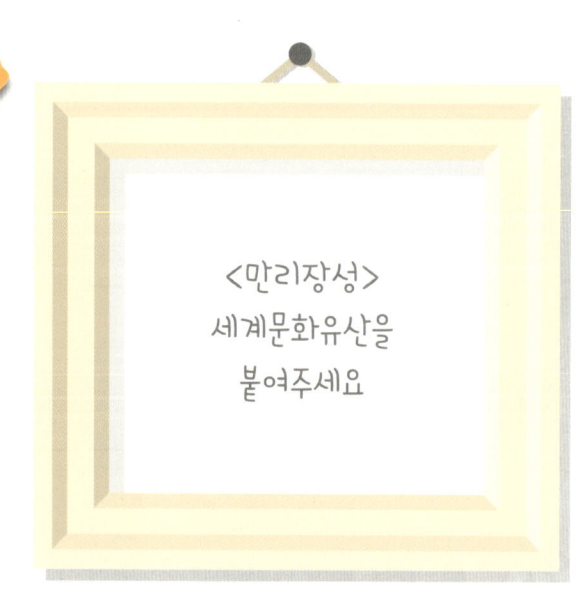
〈중국 만리장성〉

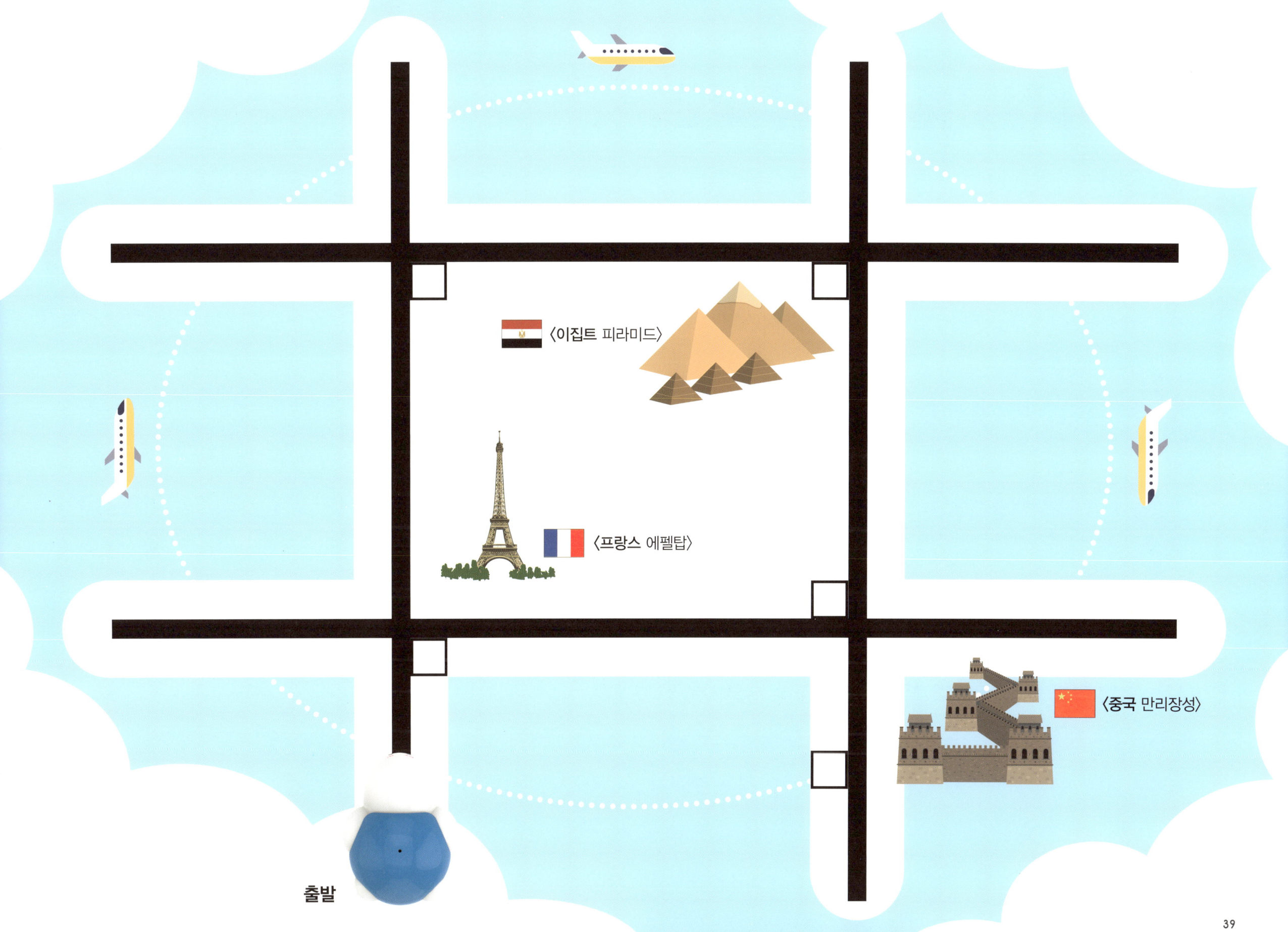

카드 코딩 활동 10

거북이 친구를 구해주세요

- **학습주제** : 환경과 생활
- **활동목표** : 장애물의 위치를 직접 설정하고 장애물을 피해 목적지에 도착할 수 있다.
- **준비물** : 색깔 카드, 부록의 스티커(쓰레기 ①, ②, ③)

아이들이 장애물의 위치를 직접 정하고 놀이를 할 수 있어요. 주도적인 놀이의 시작이죠. 그런데 장애물을 놓는 위치에 따라 놀이가 불가능할 수도 있죠? 포켓 터틀 로봇의 위치와 장애물의 위치 관계를 아래 QUIZ를 보고 안내해 주세요.

QUIZ 다음 중 장애물의 위치가 잘못된 그림은 무엇일까요?

활동 방법 1 **포켓 터틀 로봇의 친구 거북이가 더러운 바닷속에 갇혔대요**

다음의 미션을 수행하여 거북이를 구출해 주세요.

미션1 부록에서 쓰레기 ①, ②, ③ 스티커를 붙여주세요.   **미션2** 포켓 터틀 로봇이 거북이 친구를 만날 수 있게 코딩해 주세요.

<쓰레기 ①>
스티커를
붙여주세요

<쓰레기 ②>
스티커를
붙여주세요

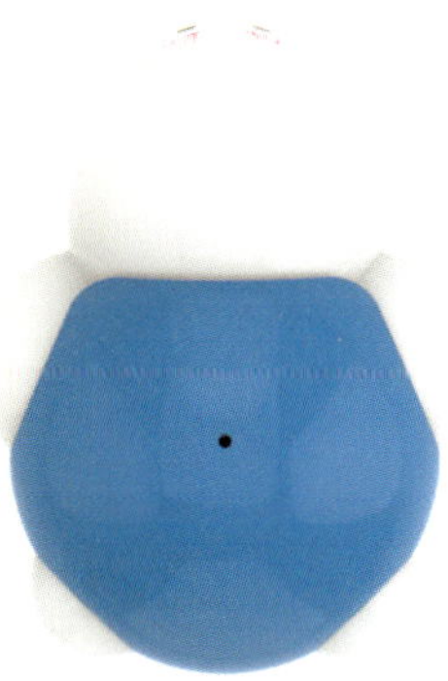

<쓰레기 ③>
스티커를
붙여주세요

라인 코딩 활동 10
분리수거를 해요

- **학습주제** : 환경과 생활
- **활동목표** : 목적지의 위치를 직접 설정한 뒤 목적지에 도착할 수 있도록 경로를 계획하고 코딩할 수 있다.
- **준비물** : 색깔 사인펜, 부록의 스티커(플라스틱, 종이, 캔①, ②)

포켓 터틀 로봇이 시작하는 곳이 달라지면 이동하는 길도 달라지죠. 출발 위치에 따라 다른 길 찾기를 경험하면서 공간지각능력을 길러요.

활동 방법 1
1. 부록 스티커에서 플라스틱을 찾아 붙여주세요.

2. 교차로 ❶에 포켓 터틀 로봇을 놓아주세요.
3. 내가 원하는 곳에 플라스틱을 놓아주세요.
4. 플라스틱 2개를 모두 찾아올 수 있도록 색깔 사인펜을 이용하여 코딩해 주세요.
5. 2개의 플라스틱을 모두 획득하면 해당 칸에 스티커를 붙여주세요.

활동 방법 2
1. 부록 스티커에서 종이를 찾아 붙여주세요.

2. 교차로 ❷에 포켓 터틀 로봇을 놓아주세요.
3. 내가 원하는 곳에 종이를 놓아주세요.
4. 종이 2개를 모두 찾아올 수 있도록 색깔 사인펜을 이용하여 코딩해 주세요.
5. 2개의 종이를 모두 획득하면 해당 칸에 스티커를 붙여주세요.

활동 방법 3
1. 부록 스티커에서 캔을 찾아 붙여주세요.

2. 교차로 ❸에 포켓 터틀 로봇을 놓아주세요.
3. 내가 원하는 곳에 캔을 놓아주세요.
4. 캔 2개를 모두 찾아올 수 있도록 색깔 사인펜을 이용하여 코딩해 주세요.
5. 2개의 캔을 모두 획득하면 해당 칸에 스티커를 붙여주세요.

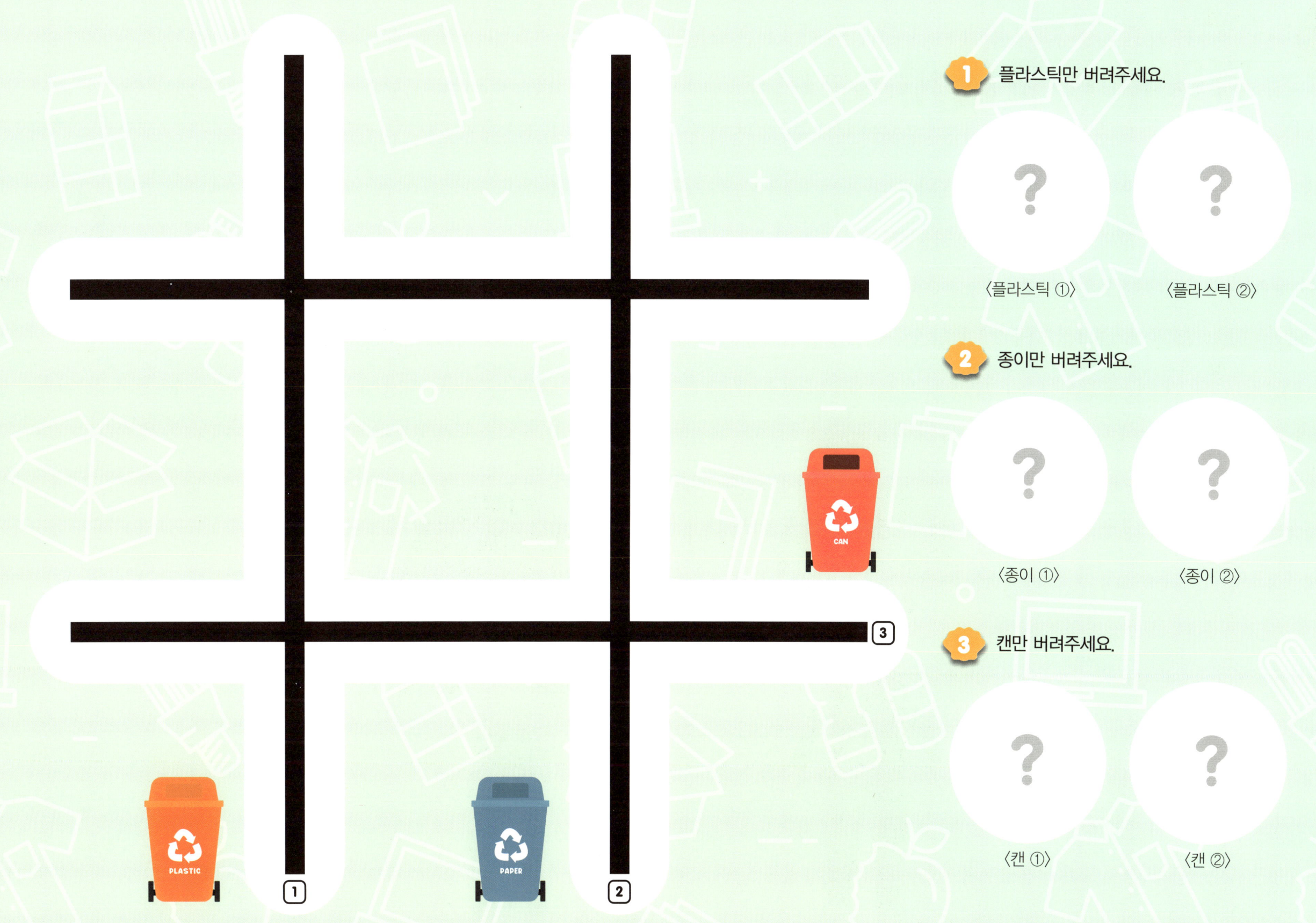

카드 코딩 활동 11

겨울을 따뜻하게 보내요

- **학습주제** : 겨울
- **활동목표** : 주어진 미션을 수행할 수 있도록 경로를 계획하고 코딩할 수 있다.
- **준비물** : 색깔 카드, 부록의 스티커(털모자, 목도리, 장갑, 장화)

> 추운 겨울을 따뜻하게 지내기 위해 필요한 물건과 그렇지 않은 물건을 구별하는 것은 수학적 사고 능력이고, 도착지까지의 문제를 해결하는 것은 순서적 사고를 통한 문제 해결력입니다.

활동 방법 1 **추운 겨울에는 따뜻한 옷을 입어야 해요**

포켓 터틀 로봇이 추운 겨울을 따뜻하게 보내기 위해서 필요한 물건이 있는 칸에 도착할 수 있게 코딩하세요.
도착한 칸에 있는 스티커를 아래의 친구들에게 붙여 꾸며보세요.

라인 코딩 활동 11

김장할 때 필요해요

- **학습주제** : 음식
- **활동목표** : 주어진 미션을 수행할 수 있도록 경로를 계획하고 문제를 해결할 수 있다.
- **준비물** : 색깔 사인펜, 부록의 스티커(배추, 고추, 마늘, 파, 생강, 무)

> 김장을 할 때에는 필요한 재료가 많아요. 한 번에 1가지, 연결해서 2가지의 재료를 찾을 수 있어요. 연결해서 찾을 때에는 유턴 기능을 사용해 보세요.

활동 방법 1 추운 겨울을 지내기 위해 김장을 하려고 해요

김장에 필요한 재료를 찾고, 그곳에 도착할 수 있도록 코딩해 주세요.
재료를 찾으면 동그라미 표시를 하고, 부록 스티커에서 해당 재료의 스티커를 떼어 김장 그릇 안에 붙여주세요.

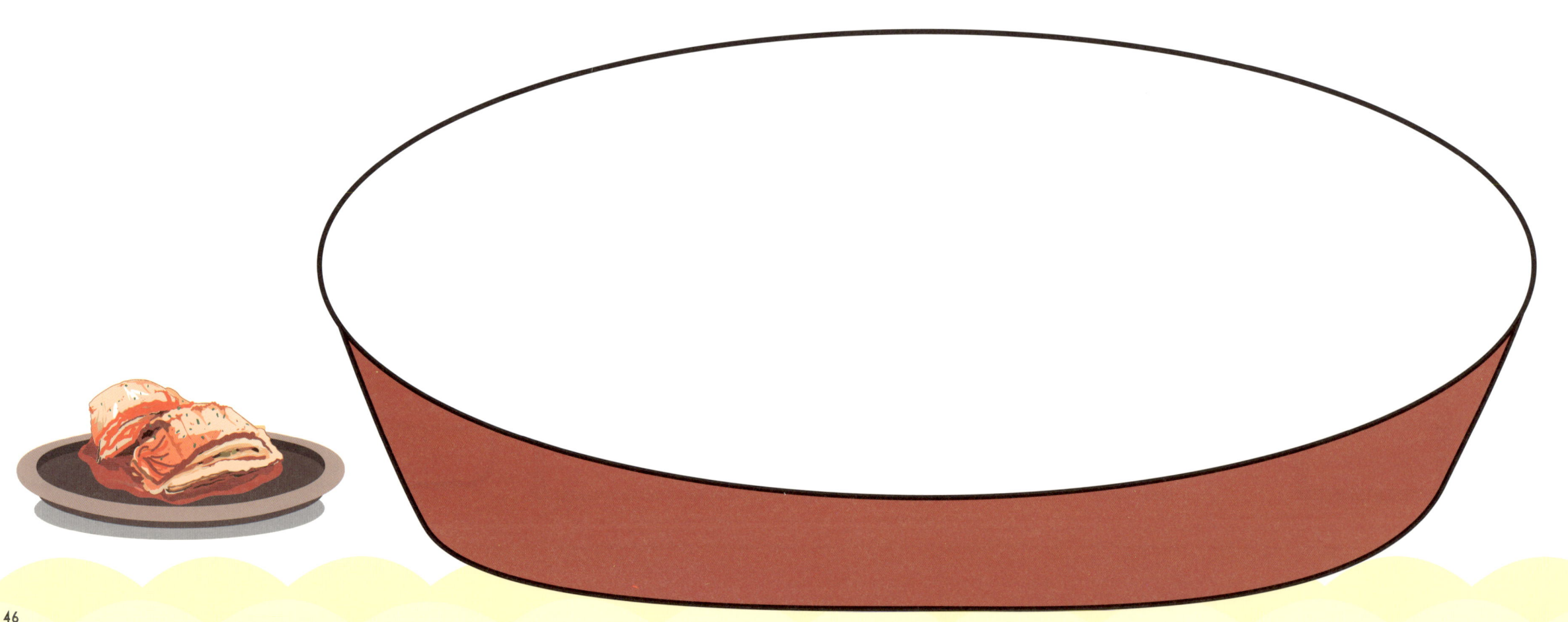

카드 코딩 활동 12
가로세로 낱말 퀴즈를 풀어보아요

- **학습주제** : 초등학교에 가요
- **활동목표** : 주어진 미션을 수행할 수 있도록 경로를 계획하고 코딩할 수 있다.
- **준비물** : 색깔 카드, 연필

같은 글자가 들어가는 단어를 찾아보세요. 이러한 놀이를 통해 글자의 소리와 모양에 관심을 갖게 됩니다.

활동 방법 1 초등학교에 갈 때에는 아래의 낱말 퀴즈를 풀어서 필요한 준비물을 알아보아요

'?'에 들어가는 말을 아래의 칸에서 찾아 코딩하세요.
도착한 칸에 있는 글자를 '?'에 써주세요.

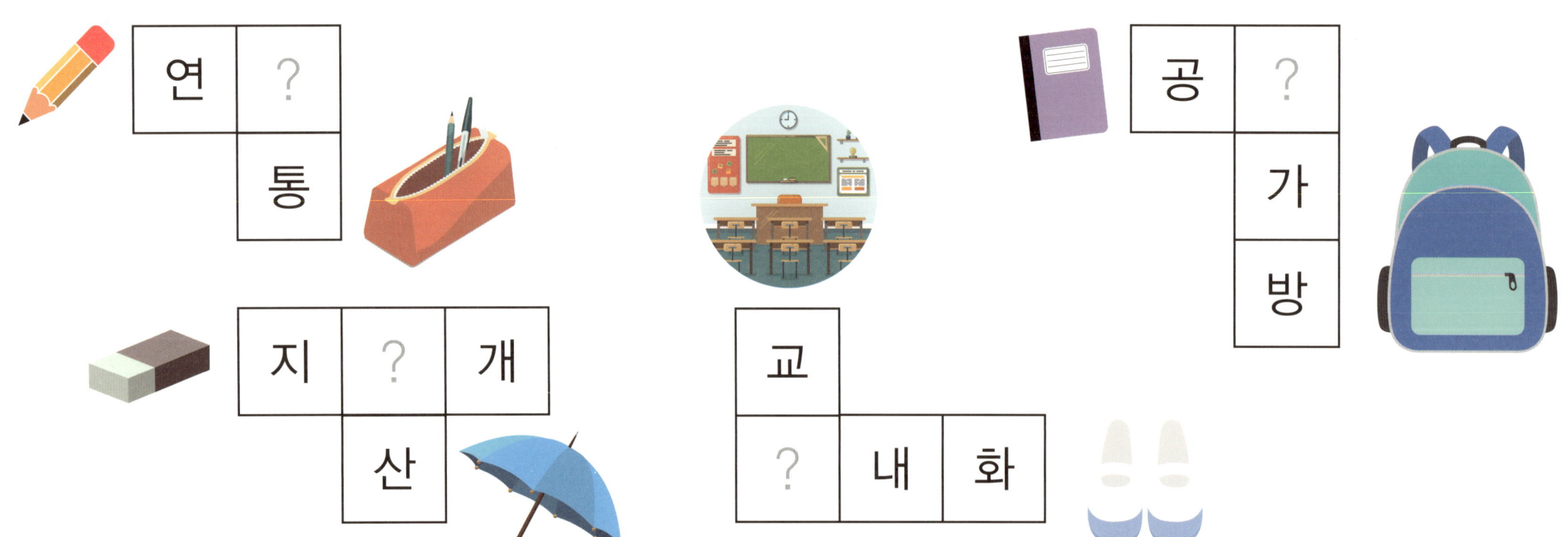

책	필	운	부
야	자	감	실
	학	우	사

라인 코딩 활동 12
학교가는 길

- **학습주제** : 초등학교에 가요
- **활동목표** : 직접 교차로를 만들어 목적지에 도착할 수 있도록 경로를 계획하고 코딩할 수 있다.
- **준비물** : 자, 색깔 사인펜

> 아이들이 직접 선을 그어 줄을 만들어 봄으로써 아이들이 자기주도적인 놀이를 경험할 수 있습니다.

활동 방법 1 **포켓 터틀 로봇이 학교에 가려고 해요**

교차로를 그리는 방법을 알아보고 포켓 터틀 로봇이 무사히 학교에 도착할 수 있게 도와주세요. 교차로를 그릴 때 선과 선이 가까운 경우에는 포켓 터틀 로봇이 길을 잃을 수 있어요.

교차로 그리는 방법

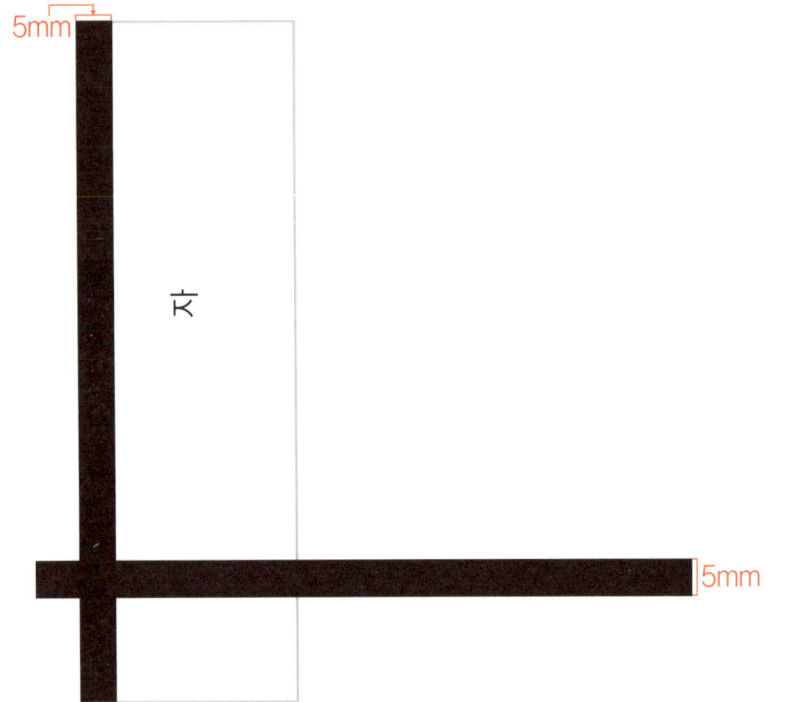

방법1 자를 위의 그림처럼 놓아봅니다.

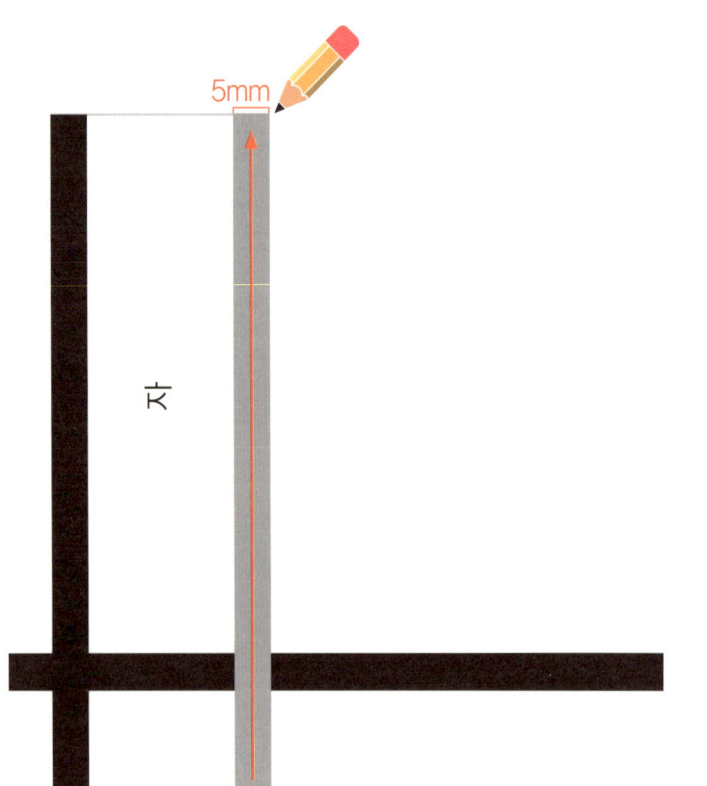

방법2 오른쪽 선에 맞춰 교차로를 그려봅니다.

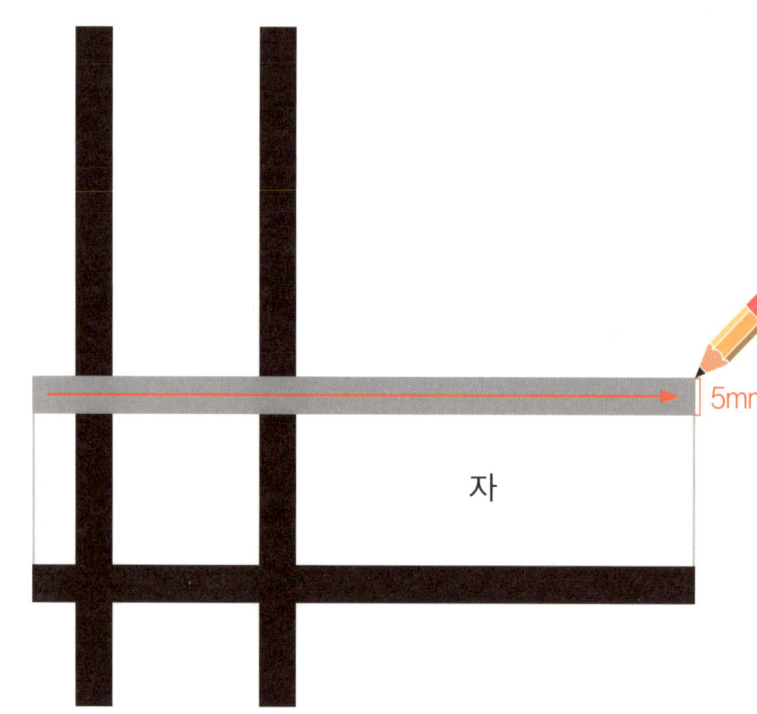

방법3 자를 돌려 다양한 교차로를 만들어 봅니다.

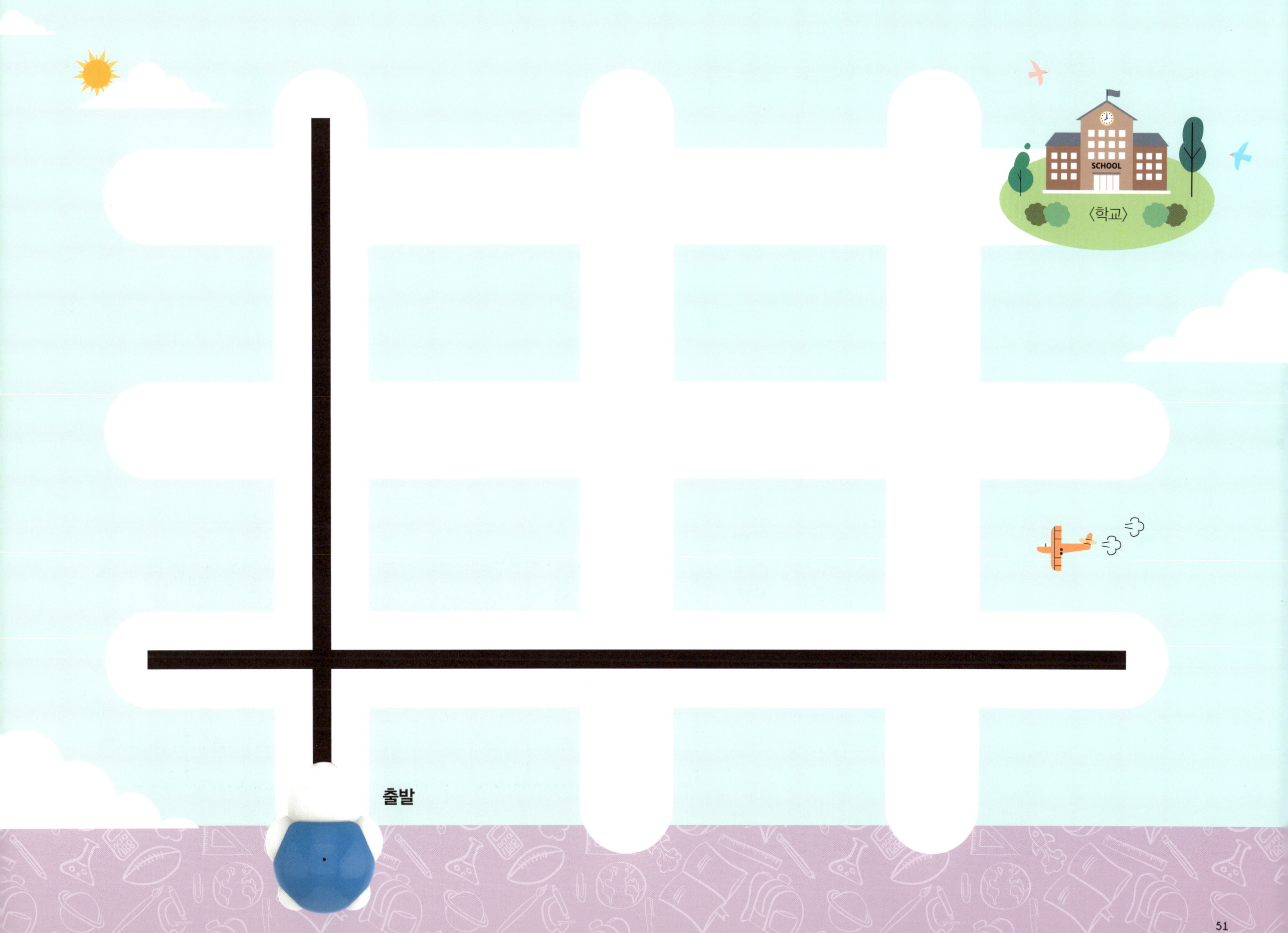

음악 코딩 진입 방법

1. 전원 켜기

전원 스위치를 'ON'으로 옮겨 포켓 터틀 로봇의 전원을 켜주세요.

2. 음악 코딩 진입하기

포켓 터틀 로봇의 등 버튼을 짧게 2번 눌러 '삐삐' 소리가 나면 음악 코딩에 진입했습니다.

3. 음악 코딩 실행하기

포켓 터틀 로봇은 라인을 따라 가면서 음악을 연주할 수 있습니다. 아래의 그림과 같이 7가지 색깔을 칠하면 해당 음을 연주합니다. 음악 코딩 악보에 원하는 색을 칠한 후 포켓 터틀 로봇의 등 버튼을 짧게 1번 눌러주세요.

◦ 아래의 피아노에 제시되어 있는 숫자를 참고하여 각 음에 해당하는 색을 칠해주세요.
◦ 주의 : 포켓 터틀 로봇의 라인 코딩과 음악 코딩 활동을 위해서는 로보메이션 공식몰(http://robomation-shop.co.kr/)에서 판매하는 '8색 마커-라인 코딩용, 음악 코딩용(포켓 터틀, 터틀)' 색깔 사인펜이 필요하며, 다른 사인펜 이용 시 포켓 터틀 로봇 인식에 문제가 발생할 수 있습니다.

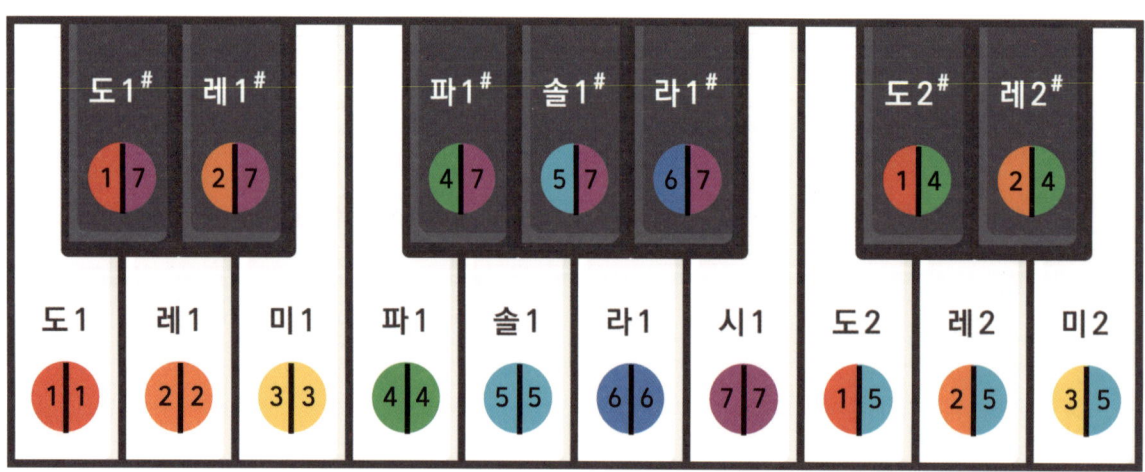

'생일축하합니다'를 연주해보아요

- **학습주제** : 나와 가족
- **활동목표** : 포켓 터틀 로봇 색깔 명령어가 가진 의미를 이해한다.
- **준비물** : 색깔 사인펜

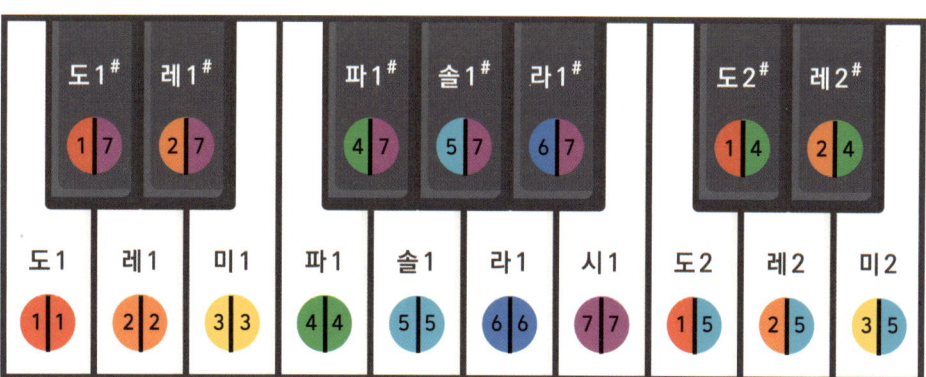

활동 방법 **포켓 터틀 로봇이 '생일축하합니다'를 연주해보려고 해요**
빈칸에 알맞은 색깔 명령어를 색깔 사인펜으로 색칠하여 음악 코딩 악보를 완성해 보아요.

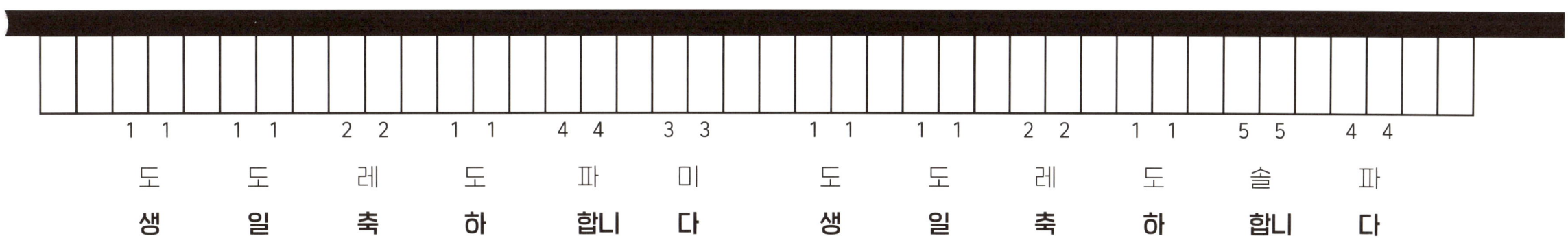

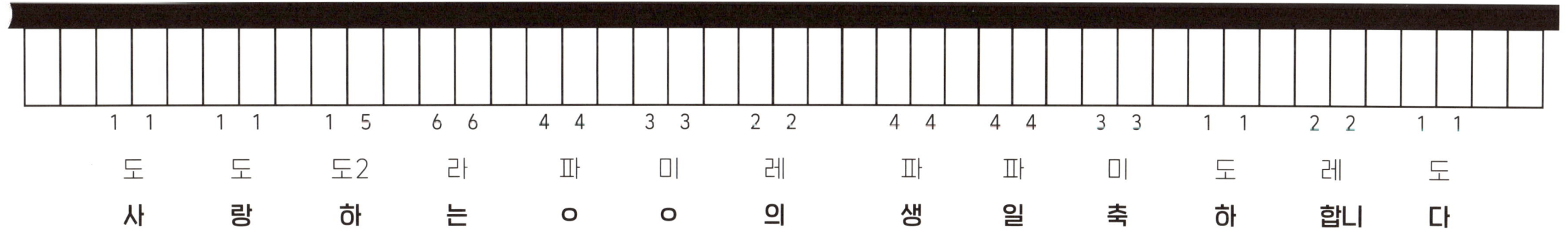

음악 코딩 활동 2

'아리랑'을 연주해보아요

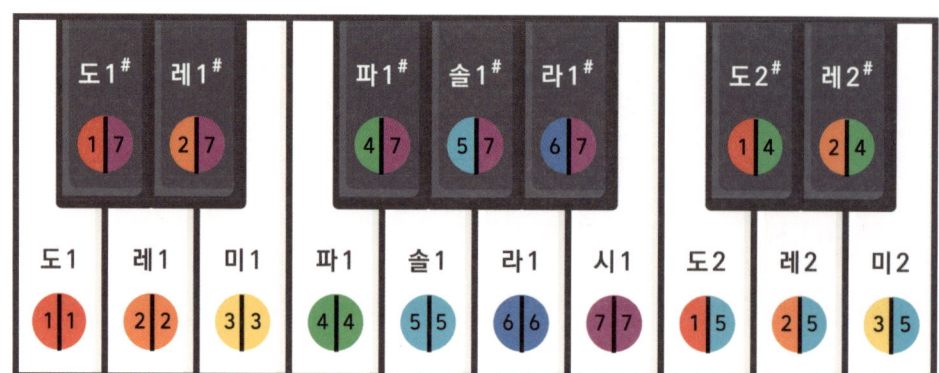

- 학습주제 : 우리나라
- 활동목표 : 색깔 명령어와 계이름을 일대일 대응시킨다.
- 준비물 : 색깔 사인펜

활동 방법 포켓 터틀 로봇이 '아리랑'을 연주해보려고 해요

빈칸에 알맞은 색깔 명령어를 색깔 사인펜으로 색칠하여 음악 코딩 악보를 완성해 보아요.

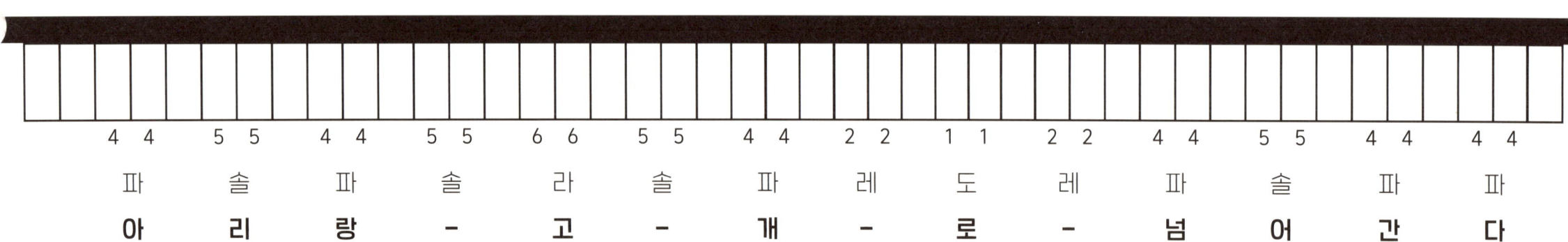

'새들의 결혼식'을 연주해보아요

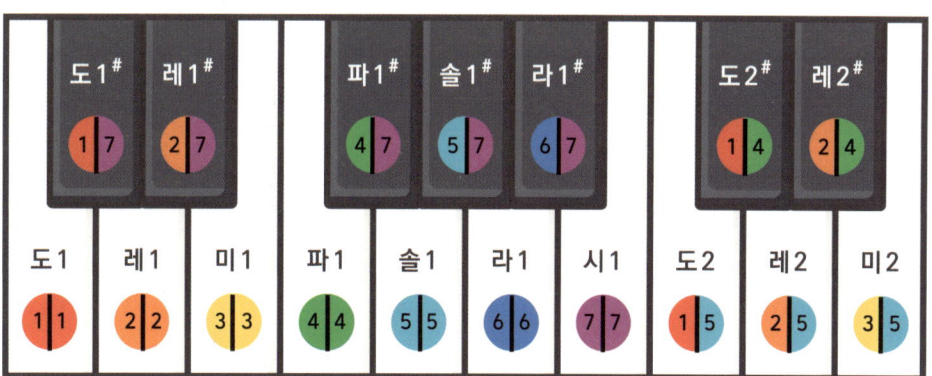

- **학습주제** : 동식물과 자연
- **활동목표** : 색깔 명령어와 계 이름을 일대일 대응시킨다.
- **준비물** : 색깔 사인펜

> **활동 방법** — **포켓 터틀 로봇이 '새들의 결혼식'을 연주해보려고 해요**
> 빈칸에 알맞은 색깔 명령어를 색깔 사인펜으로 색칠하여 음악 코딩 악보를 완성해 보아요.

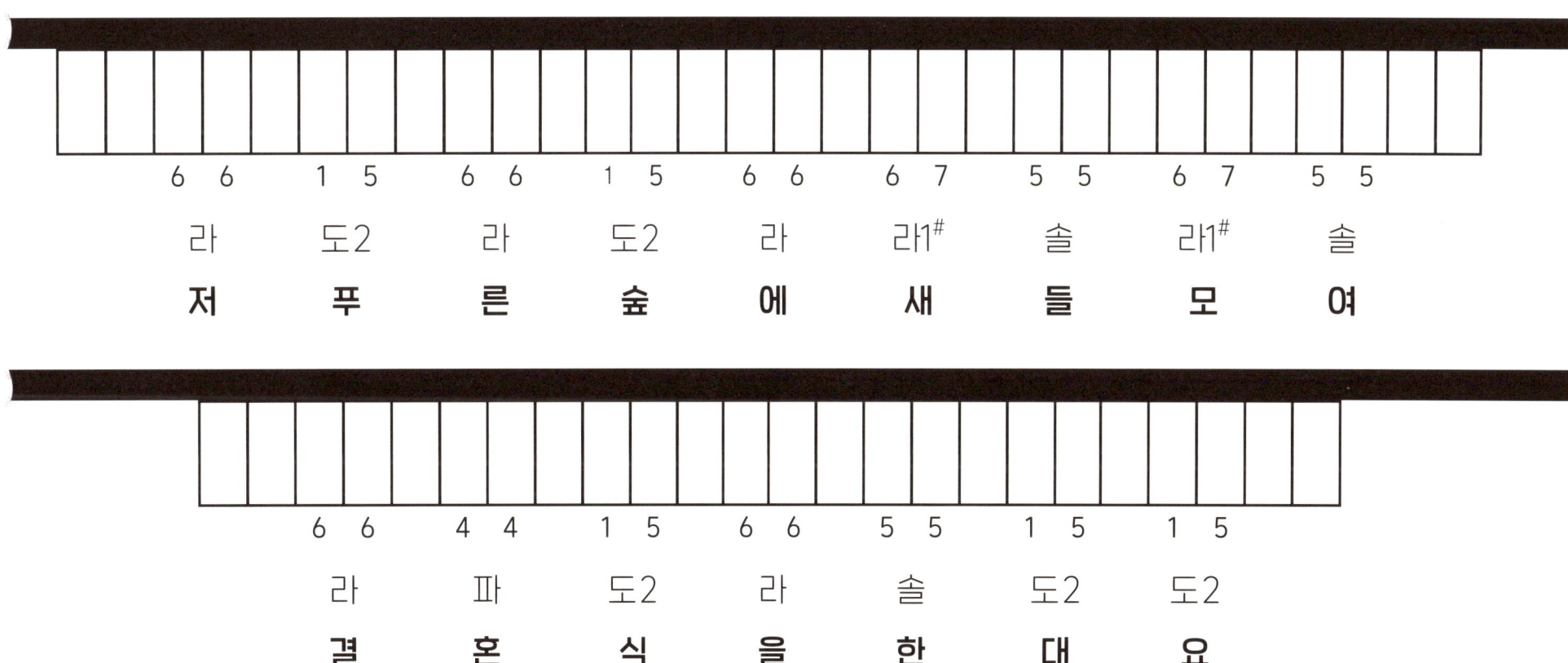

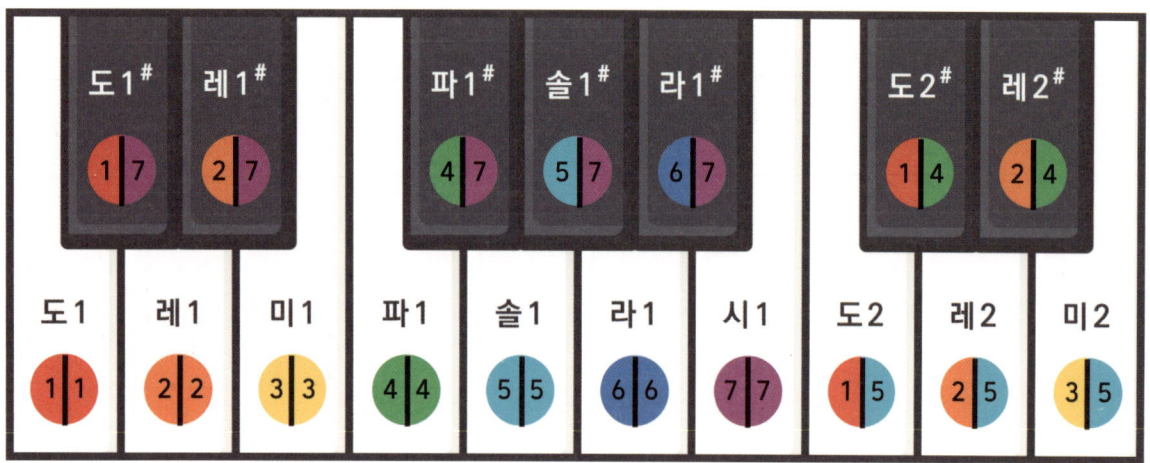
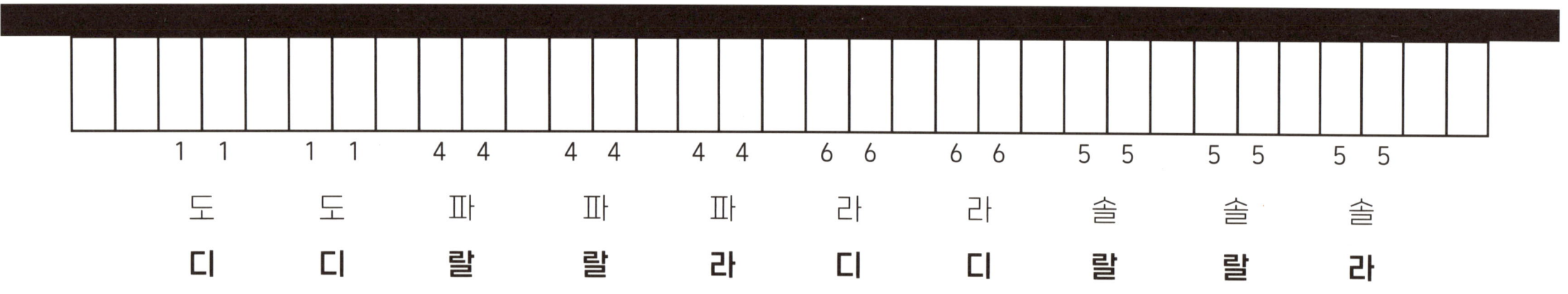

부록 **정답**

 **카드 코딩 활동 1**

카드 입력

 **카드 코딩 활동 2**

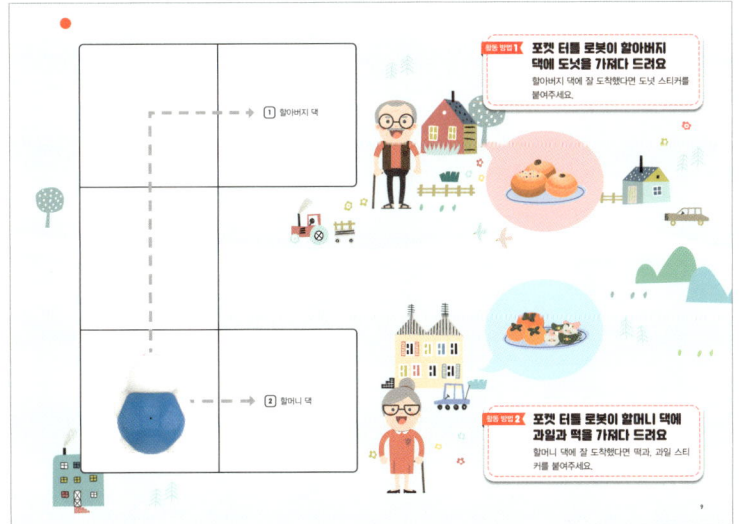

할아버지 댁 카드 입력

할머니 댁 카드 입력

 **라인 코딩 활동 1**

 **라인 코딩 활동 2**

부록 정답

 카드 코딩 활동 3

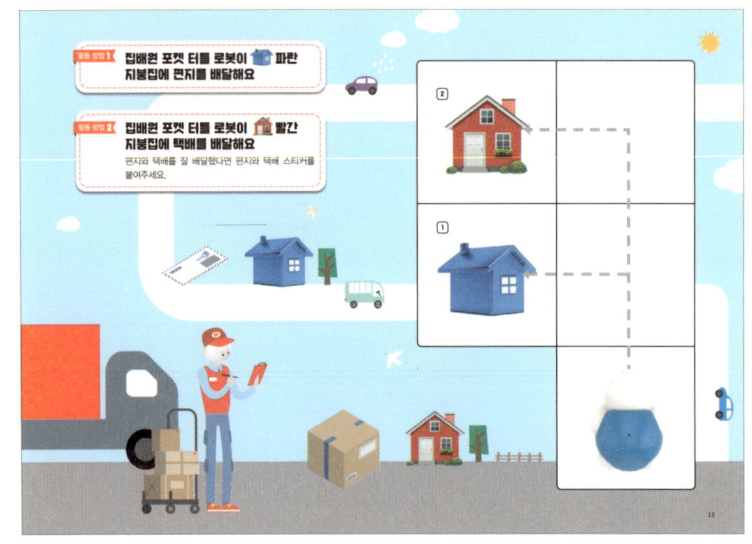

파란 지붕집 카드 입력

빨간 지붕집 카드 입력

 라인 코딩 활동 3

 카드 코딩 활동 4

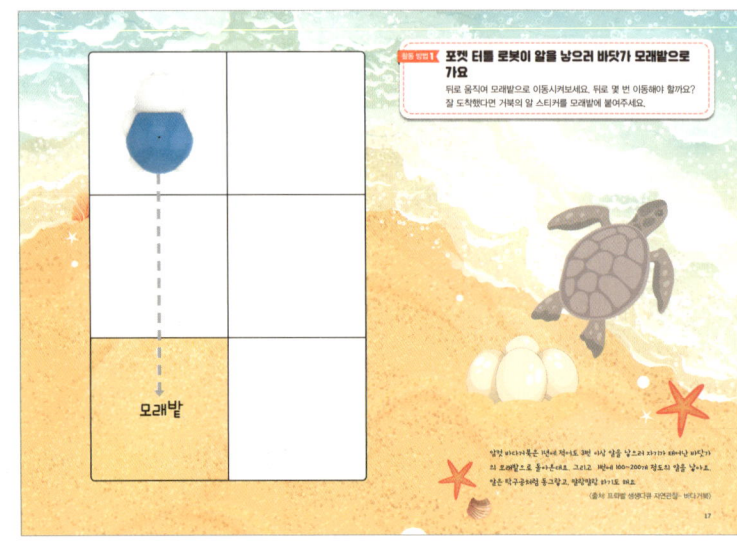

카드 입력

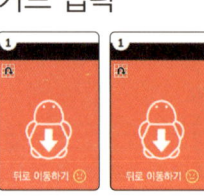

 라인 코딩 활동 4

카드 코딩 활동 5

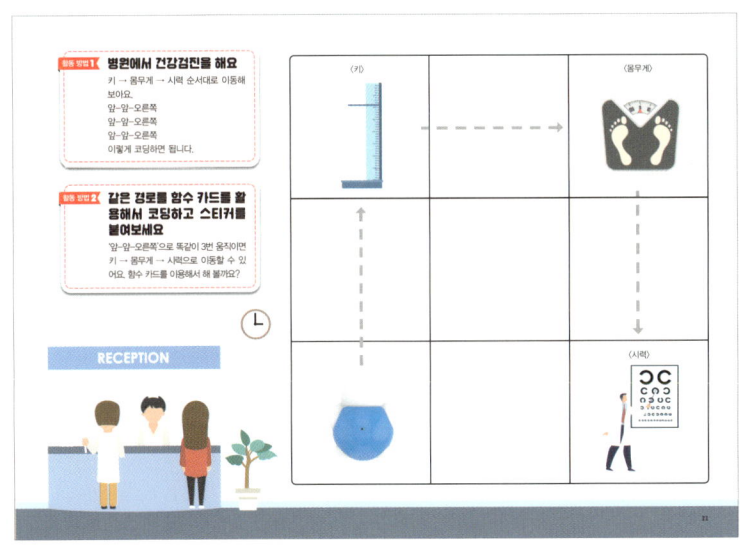

함수 카드 입력

키　　　몸무게

시력

라인 코딩 활동 5

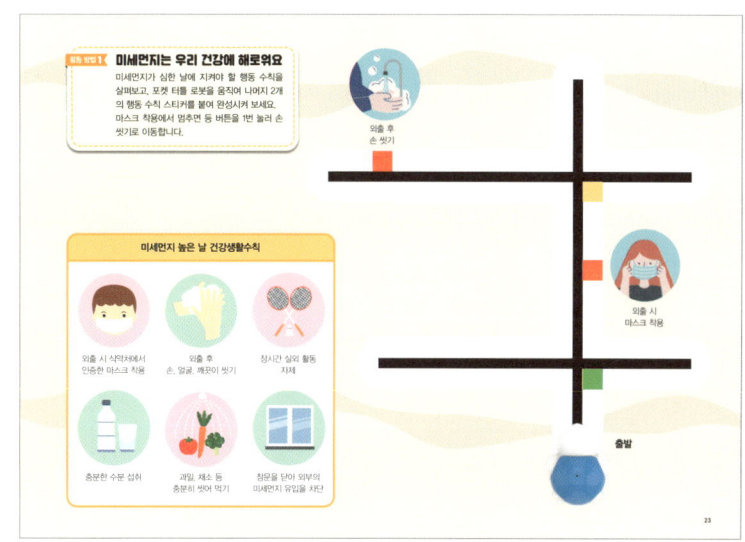

카드 코딩 활동 6

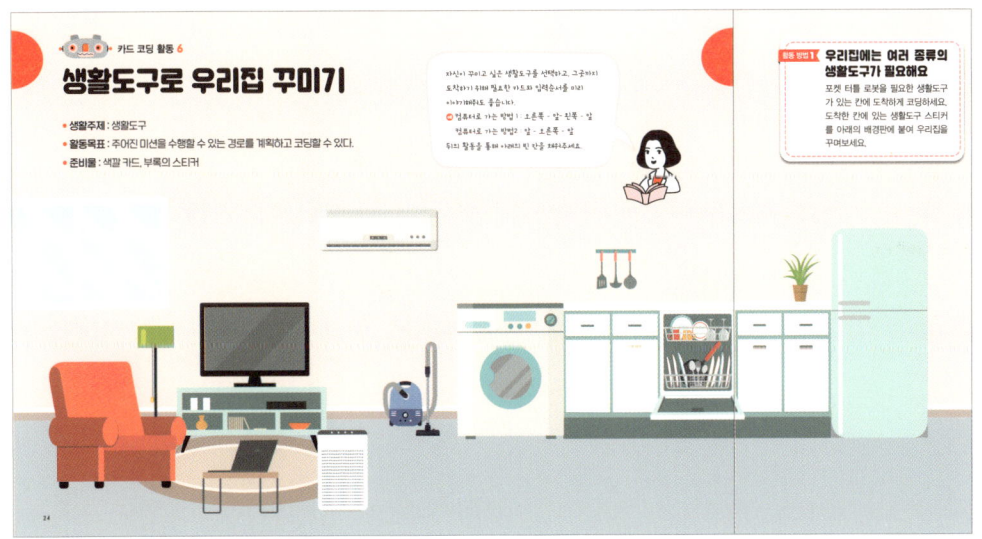

라인 코딩 활동 6

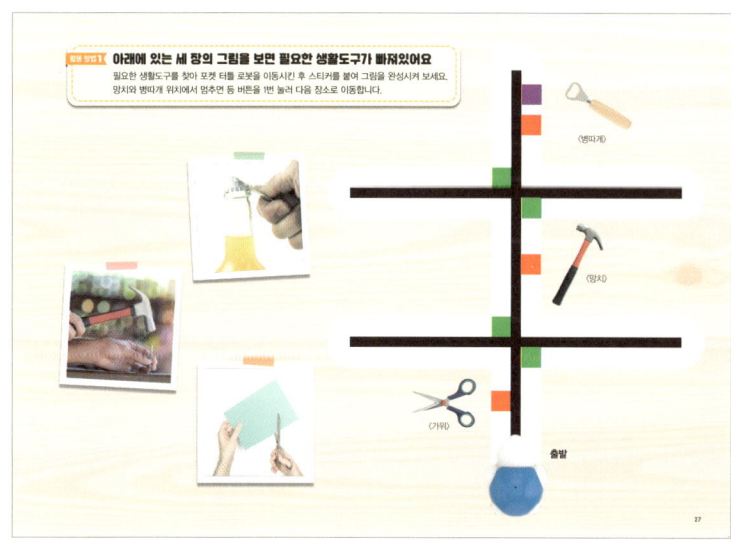

부록 정답

 카드 코딩 활동 7

비행기 카드 입력

배 카드 입력

자동차 카드 입력

라인 코딩 활동 7

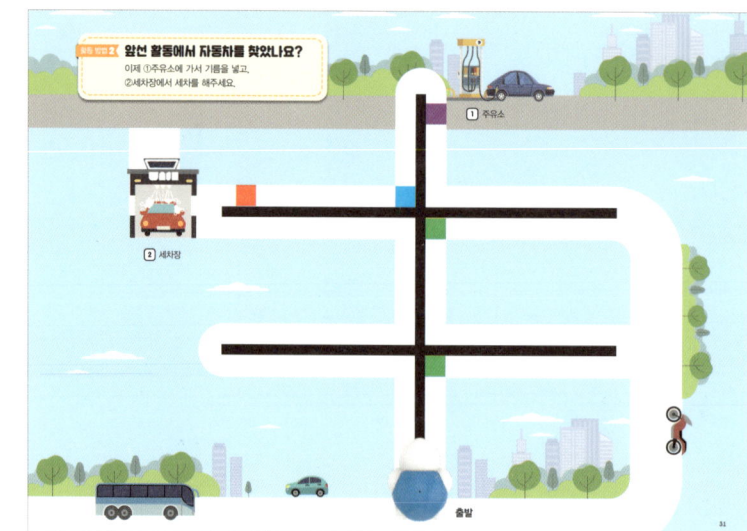

 카드 코딩 활동 8

널뛰기 카드 입력

투구 놀이 카드 입력   윷놀이 카드 입력

연 날리기 카드 입력

라인 코딩 활동 8

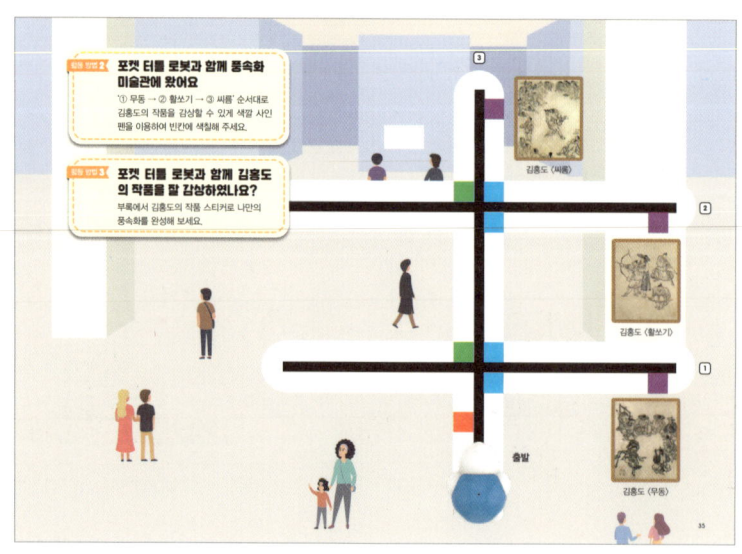

🤖 카드 코딩 활동 9

태국

캐나다

이탈리아

🤖 라인 코딩 활동 9

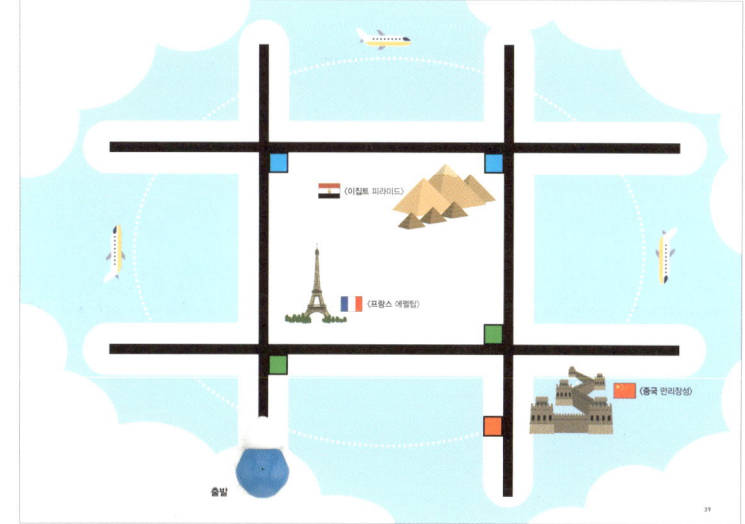

🤖 카드 코딩 활동 10

카드 입력

🤖 라인 코딩 활동 10

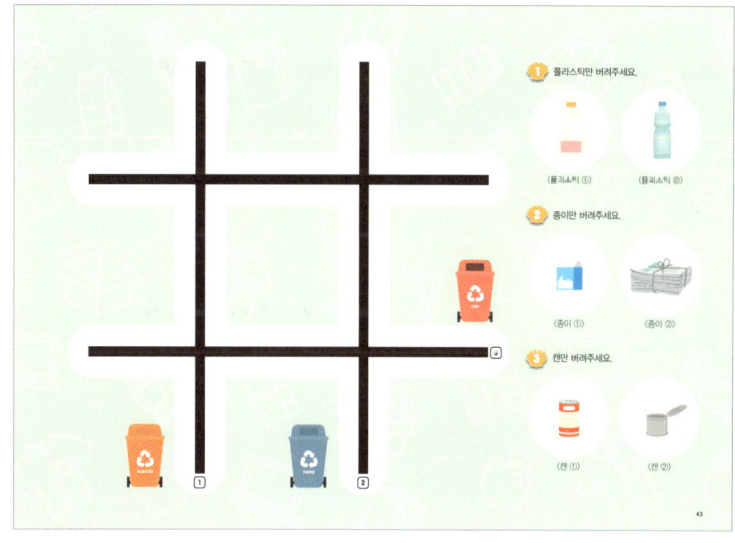

위의 그림은 예시입니다. 목적지의 위치를 자유롭게 놓고 활동해 보세요.

부록 정답

카드 코딩 활동 11

털모자

목도리

장갑

장화
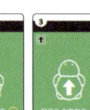

카드 코딩 활동 12

필
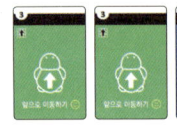

우

책

실

라인 코딩 활동 11

위의 그림은 예시입니다. 재료의 선택에 따라 자유롭게 놓고 활동해 보세요.

라인 코딩 활동 12

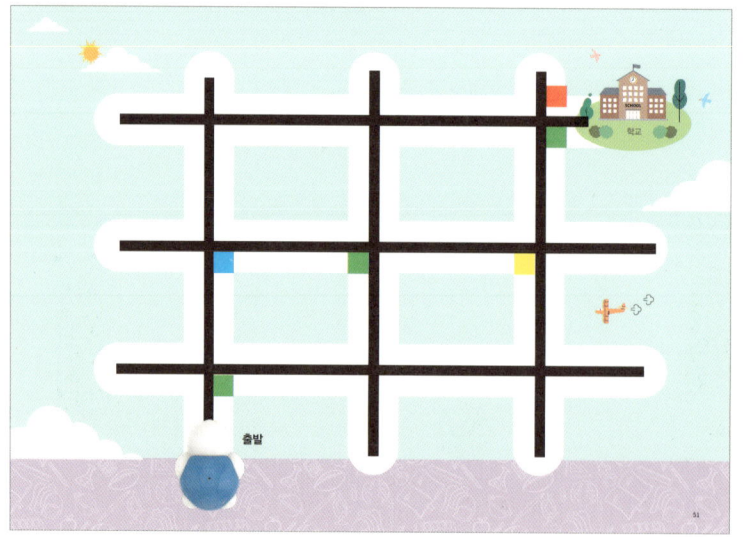

음악 코딩 활동 1

'생일축하합니다'를 연주해보아요

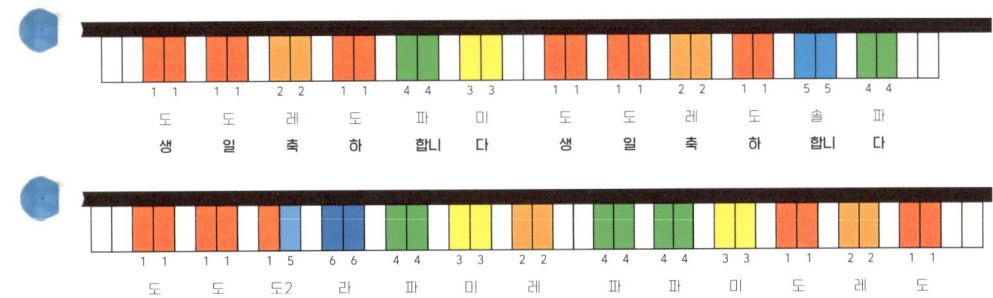

음악 코딩 활동 2

'아리랑'을 연주해보아요

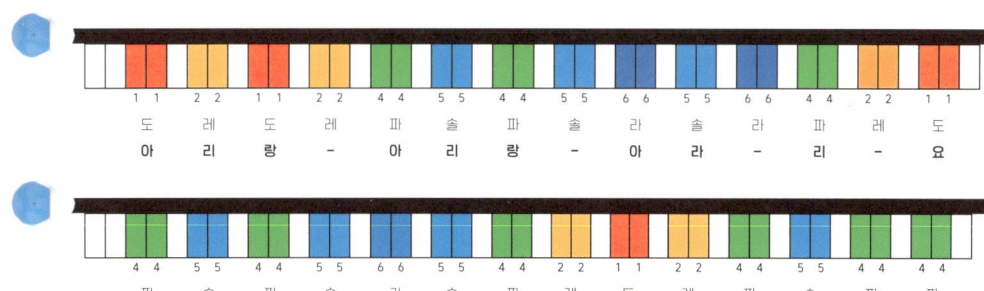

음악 코딩 활동 3

'새들의 결혼식'을 연주해보아요

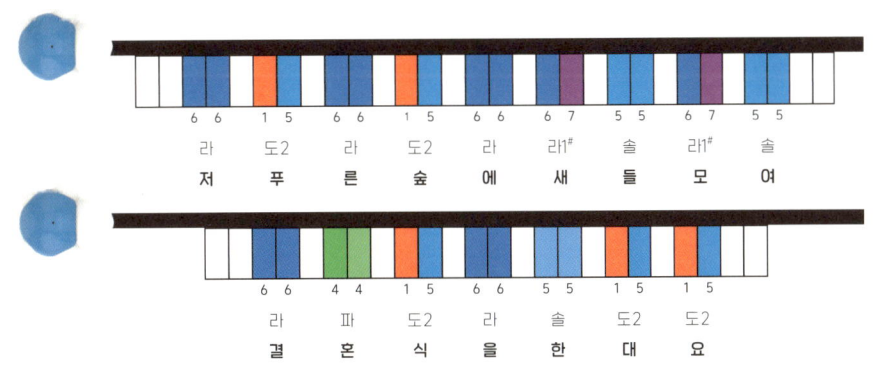
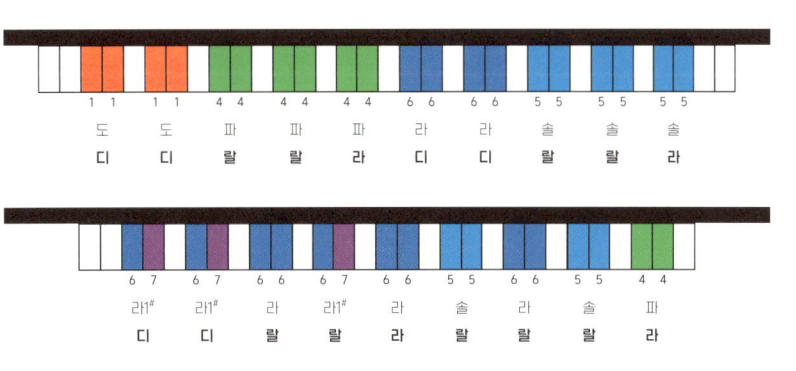

부록 **스티커**

〈포켓 터틀 로봇〉

〈꽃〉

〈도넛〉

〈과일과 떡〉

〈케이크〉

〈마스크〉

〈손 씻기〉

〈편지〉

〈택배〉

〈놀이동산〉

〈학교〉

〈병원〉

〈대나무〉

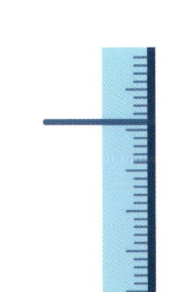
〈키〉

〈몸무게〉

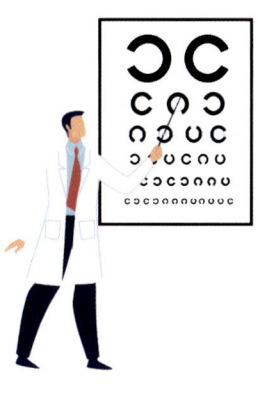
〈시력〉

〈거북이 알〉

〈바나나〉

부록 스티커

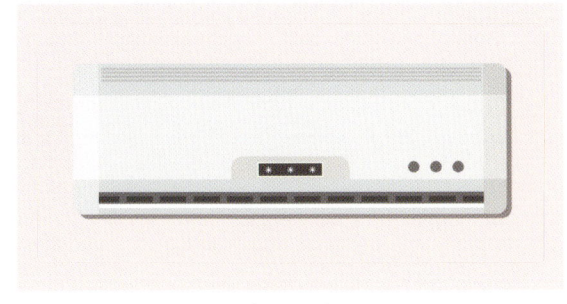
〈에어컨〉

〈청소기〉

〈병따개〉
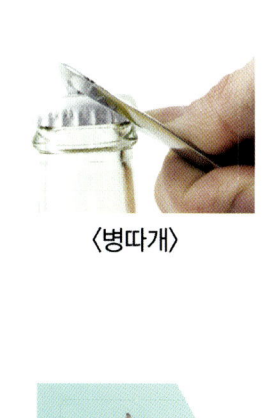
〈망치〉

〈TV〉

〈공기 청정기〉

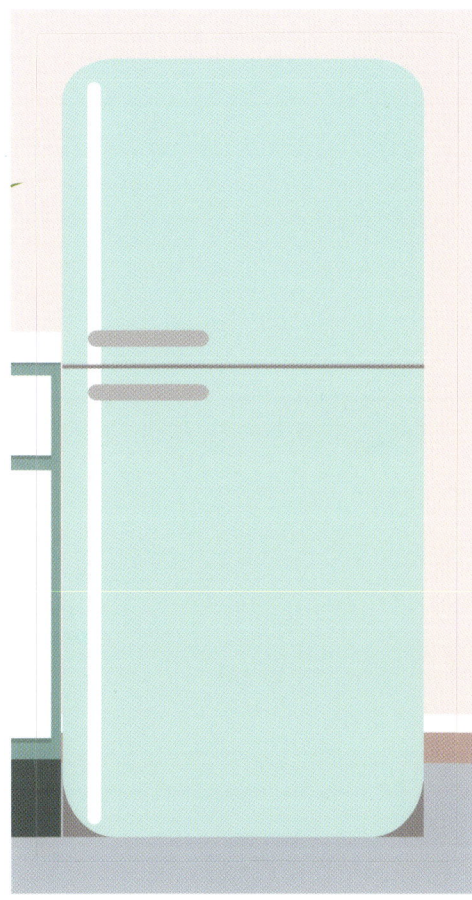
〈냉장고〉

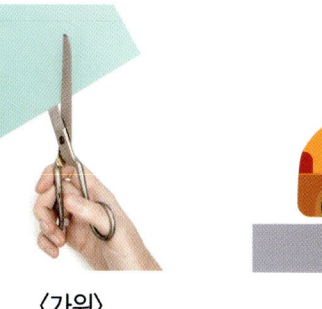
〈가위〉

〈자동차〉

〈비행기〉

〈쇼파〉

〈노트북〉

〈세탁기〉

〈배〉

부록 스티커

김홍도 〈씨름〉

김홍도 〈활쏘기〉

김홍도 〈무동〉

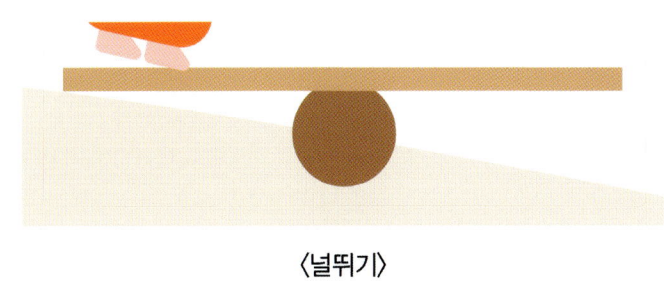
〈널뛰기〉

〈플라스틱①〉

〈플라스틱②〉

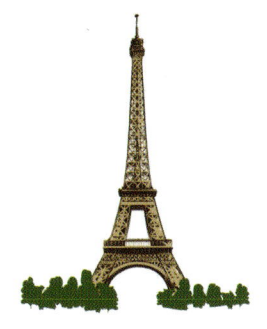
〈프랑스 에펠탑〉

〈이집트 피라미드〉

〈중국 만리장성〉

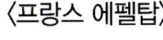
〈투구 놀이〉

〈연 날리기〉

〈종이①〉 〈종이②〉

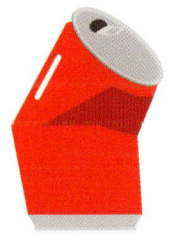
〈쓰레기①〉

〈쓰레기②〉

〈쓰레기③〉

〈윷놀이〉

〈캔①〉

〈캔②〉

부록 스티커

〈털모자〉

〈목도리〉

〈장갑〉   〈장화〉

〈무〉    〈배추〉

〈생강〉

〈고추〉

〈파〉   〈마늘〉

〈태국〉    〈캐나다〉    〈이탈리아〉